메논

정암고전총서 플라톤 전집

메논

플라톤

이상인 옮김

아카넷

정암고전총서는 윤독의 과정을 거쳐 책을 펴냅니다.
아래의 정암학당 연구원들이 『메논』 원고를 함께 읽고
번역에 도움을 주셨습니다.
강성훈, 김인곤, 김재홍, 김주일, 이기백, 정준영

'정암고전총서'를 펴내며

그리스·로마 고전은 서양 지성사의 뿌리이며 지혜의 보고이다. 그러나 이를 우리말로 직접 읽고 검토할 수 있는 원전 번역은 여전히 드물다. 이런 탓에 우리는 서양 사람들의 해석을 수동적으로 수용하는 처지를 완전히 극복하지 못하고 있다. 사상의 수입은 있지만 우리 자신의 사유는 결여된 불균형의 문제를 안고 있는 것이다. 이런 상황은 우리의 삶과 현실을 서양의 문화유산과 연관 지어 사색하고자 할 때 특히 심각한 문제를 야기한다. 우리 자신이 부닥친 문제를 자기 사유 없이 남의 사유를 통해 이해하거나 해결하는 것은 거의 불가능하기 때문이다. 우리의 문제에 대한 인문학적 대안들이 때로는 현실을 적확하게 꼬집지 못하는 공허한 메아리로 들리는 것도 그런 이유 때문일 것이다.

한 공동체에서 살아가는 사람들이 자신들의 생각과 말을 나누며 함께 고민하는 문제와 만날 때 인문학은 진정한 울림이 있는 메아리가 될 수 있다. 이것은 우리가 우리의 현실을 함께 고민하는 문제의식을 공유함으로써 가능하겠지만, 그조차도 함께 사유할 수 있는 텍스트가 없다면 요원한 일일 것이다. 사유를 공유할 텍스트가 없을 때는 앎과 말과 함이 분열될 위험에 노출될 수 있기 때문이다. 이런 점에서 진정한 인문학적 탐색은 삶의 현실이라는 텍스트, 그리고 생각을 나눌 수 있는 문헌 텍스트와 만나는 이중의 노력에 의해 가능할 것이다.

현재 한국의 인문학적 상황은 기묘한 이중성을 보이고 있다. 대학 강단의 인문학은 시들어 가고 있는 반면 대중 사회의 인문학은 뜨거운 열풍이 불어 마치 중흥기를 맞이한 듯하다. 그러나 현재의 대중 인문학은 비판적으로 사유하는 인문학이 되지 못하고 자신의 삶을 합리화하는 도구로 전락하는 경향이 없지 않다. 사유 없는 인문학은 대중의 욕망을 충족시키기 위해 소비되는 상품에 지나지 않는다. '정암고전총서' 기획은 이와 같은 한계상황을 극복할 수 있는 기본적인 토대를 마련하고자 하는 절실한 문제의식에서 시작되었다.

정암학당은 철학과 문학을 아우르는 서양 고전 문헌의 연구와 번역을 목표로 2000년 임의 학술 단체로 출범하였다. 그리고 그 첫 열매로 서양 고전 철학의 시원이라 할 『소크라테스 이전 철학자들의 단편 선집』을 2005년도에 펴냈다. 2008년에는 비영리 공익법인의 자격을 갖는 공적인 학술 단체의 면모를 갖추고 플라톤 원전 번역을 완결할 목표 아래 지금까지 20여 종에 이르는 플라톤 번역서를 내놓고 있다. 이제 '플라톤 전집' 완간을 눈앞에 두고 있는 시점에 정암학당은 지금까지의 시행착오를 밑거름 삼아 그리스·로마의 문사철 고전 문헌을 우리말로 옮기는 고전 번역 운동을 본격적으로 펼치려 한다.

정암학당의 번역 작업은 철저한 연구에 기반한 번역이 되도록 하기 위해 처음부터 공동 독회와 토론을 통해 이루어진다. 번역 초고를 여러 번에 걸쳐 교열·비평하는 공동 독회 세미나를 수행하여 이를 기초로 옮긴이가 최종 수정하는 방식으로 진행된다. 이같이 공동 독회를 통해 번역서를 출간하는 방식은 서양에서도 유래를 찾기 어려운 번역 시스템이다. 공동 독회를 통한 번역은 매우 더디고 고통스러운 작업이지만, 우리는 이 같은 체계적인 비평의 과정을 거칠 때 믿고 읽을 수 있는 텍스트가 탄생할 수 있다고 확신한다. 이런 번역 시스템 때문에 모든 '정암고전총서'에는 공동 윤독자를 병기하기로 한다. 그러나 윤독자들의 비판을 수용할지 여부는 결국 옮긴이가 결정한다는 점에서 번역의 최종 책임은 어디까지나 옮긴이에게 있다. 따라서 공동 윤독에 의한 비판의 과정을 거치되 옮긴이들의 창조적 연구 역량이 자유롭게 발휘될 수 있도록 노력하였다.

정암학당은 앞으로 세부 전공 연구자들이 각각의 연구팀을 이루어 연구와 번역을 병행함으로써 아리스토텔레스 철학 원전, 키케로 전집, 헬레니즘 선집 등의 번역본을 출간할 계획이다. 그리고 이렇게 출간될 번역본에 대한 대중 강연을 마련하여 시민들과 함께 호흡할 수 있는 장을 열어 나갈 것이다. 공익법인인 정암학당은 전적으로 회원들의 후원으로 유지된다는 점에서 '정암고전총서'는 연구자들의 의지뿐만 아니라 시민들의 소중한 뜻이 모여 세상 밖에 나올 수 있는 셈이다. 이런 점에서 '정암고전총서'가 일종의 고전 번역 운동으로 자리매김되길 기대한다.

'정암고전총서'를 시작하는 이 시점에 두려운 마음이 없지 않으나, 이런 노력이 서양 고전 연구의 디딤돌이 될 것이라는 희망, 그리고 새로운 독자들과 만나 새로운 사유의 향연이 펼쳐질 수 있으리라는 기대감 또한 적지 않다. 어려운 출판 여건에도 '정암고전총서' 출간의 큰 결단을 내린 아카넷 김정호 대표에게 경의와 감사의 뜻을 전한다. 끝으로 정암학당의 기틀을 마련했을 뿐만 아니라 앎과 실천이 일치된 삶의 본을 보여 주신 이정호 선생님께 존경의 마음을 표한다. 그 큰 뜻이 이어질 수 있도록 앞으로도 치열한 연구와 좋은 번역을 내놓는 노력을 다할 것이다.

2018년 11월

정암학당 연구자 일동

'정암학당 플라톤 전집'을 새롭게 펴내며

플라톤의 사상과 철학은 서양 사상의 뿌리이자 서양 문화가 이루어 온 지적 성취들의 모태가 되었다는 점에서 큰 의미를 지니고 있다. 특히 그의 작품들 대부분은 풍성하고도 심오한 철학적 문제의식을 담고 있을 뿐만 아니라 생동감 넘치는 대화 형식으로 쓰여 있어서, 오늘날까지 많은 사람이 최고의 철학 고전이자 문학사에 길이 남을 걸작으로 손꼽고 있다. 화이트헤드는 '유럽철학의 전통은 플라톤에 대한 일련의 각주'라고까지 하지 않았던가.

정암학당은 플라톤의 작품 전체를 우리말로 공유할 수 있도록 하자는 취지에서 뜻있는 학자들이 모여 2000년에 문을 열었다. 그 이래로 플라톤의 작품들을 함께 읽고 번역하는 데 매달려 왔다. 정암학당의 연구자들은 애초부터 공동 탐구의 작업 방식을

9

취해 왔으며, 이에 따라 공동 독회와 토론을 통해 텍스트를 이해하는 노력을 기울여 왔고, 초고를 여러 번에 걸쳐 교열·비평하는 수고 또한 마다하지 않았다. 2007년에 『뤼시스』를 비롯한 3종의 번역서를 낸 이후 지금까지 출간된 정암학당 플라톤 번역서들은 모두 이 같은 작업 방식으로 이루어진 성과물들이다.

정암학당의 이러한 작업 방식 때문에 번역 텍스트를 출간하는 데 출판사 쪽의 애로가 없지 않았다. 그동안 출판을 맡아 준 이제이북스는 어려운 여건에서도 플라톤 전집 출간의 의미를 이해하고 전집 출간 사업에 동참하여 많은 노력을 기울여주었다. 그 결과 2007년부터 2018년까지 20여 종의 플라톤 전집 번역서가 출간되었다. 그러나 최근 이제이북스의 여러 사정으로 인해 전집 출간을 마무리하기가 어려워졌다. 정암학당은 플라톤 전집 출간을 이제이북스와 완결하지 못하게 된 것에 대해 아쉬움을 표하는 동시에 그 동안의 노고에 고마움을 전한다.

정암학당은 이 기회에 플라톤 전집의 번역과 출간 체계를 전반적으로 정비하기로 했고, 이런 취지에서 '정암학당 플라톤 전집'을 '정암고전총서'에 포함시켜 아카넷 출판사를 통해 출간할 것이다. 아카넷은 정암학당이라는 학술 공간의 의미를 이해하고 '정암학당 플라톤 전집' 출간의 가치를 공감해주었다. 여러 가지 측면에서 많은 어려움이 있었음에도 어려운 결단을 내린 아카넷

출판사에 감사를 표한다.

정암학당은 기존에 출간한 20여 종의 번역 텍스트를 '정암고전총서'에 편입시켜 앞으로 2년 동안 순차적으로 이전 출간할 예정이다. 그러나 이런 작업이 짧은 시간에 추진되었기 때문에 번역자들에게 전면적인 수정을 할 시간적 여유가 주어지지는 않았다. 따라서 아카넷 출판사로 이전 출간하는 플라톤 전집은 일부의 내용을 보완하고 오식을 수정하는 선에서 새로운 판형과 조판으로 출간한다. 이 점에 대해서는 독자들께 양해를 구한다. 정암학당은 출판사를 옮겨 출간하는 작업을 진행하는 동시에, 플라톤 전집 중 남아 있는 텍스트들에 대한 번역본 출간 시기도 앞당길 수 있도록 노력할 것이다. 그리하여 오랜 공동 연구의 결실인 '정암학당 플라톤 전집' 전체를 독자들이 조만간 음미할 수 있도록 최선을 다할 것이다.

끝으로 정암학당의 기반을 마련해 주신 고 정암(鼎巖) 이종건(李鍾健) 선생을 추모하며, 새 출판사에서 플라톤 전집을 완간하는 일에 박차를 가할 것을 다짐한다.

2019년 6월

정암학당 연구자 일동

차례

작품 내용 구분

등장인물

소크라테스(Sōkratēs)

대화가 이루어지는 시점이 기원전 402년이라면, 이때 소크라테스의 나이는
67세 가량이다. 말년의 소크라테스는 반어법을 사용하면서 대화의 긴장감
을 유지하고 증폭시키는 노련한 토론자로서 등장할 뿐 아니라 문답법을 통
해 메논의 확신을 매번 메논 스스로 부정하도록 유도하는 비판적이고 논리
적인 지성인의 모습을 띠기도 한다. 이로 인해 메논은 그에게 '전기가오리'라
는 별칭을 붙이고, 비판적 검토를 통한 소크라테스의 문답을 파괴적이고 고
약한 헐뜯기로 매도하기도 한다. 무엇보다도 '산파'와 참된 교육자로서의 소
크라테스의 면모는 배움을 상기로 파악하는 데서 생생하게 드러난다. 『메논』
의 소크라테스는 그 누구의 스승도 아니었고 그 누구도 그의 제자인 적이 없
다고 주장함으로써 당시의 통속적인 배움과 가르침의 개념을 거부했던 『소크
라테스의 변명』의 소크라테스를 정확하게 재현하고 있다. 탁월함이 무엇인
가에 대한 탐구가 선행되어야 한다는 합의에도 불구하고 탁월함이 어떤 것인
가에 대한 탐구에 집착하는 메논의 요구를 받아 줄 정도로 온화한 성격의 소
크라테스이지만, 대화편의 마지막 부분에서는 탁월함의 본질에 대한 탐구가
우선이라는 그의 인식과 주장을 굽히지 않고 논리를 무시한 타협에는 결단코
응하지 않는 강직한 성품의 소크라테스로 묘사된다.

메논(Menōn)

테살리아에 위치한 파르살로스의 귀족 가문에서 태어났고, 아버지는 알렉시
데모스(76e)이다. 대화편이 쓰일 때 나이는 19세가량이고, 테살리아에서 많
은 노예들을 데리고 올 정도로 부유하고 유력했던 귀족 가문의 후손으로서
좋은 교육도 받았다. 그는 테오그니스와 같은 시인들에 대해서도 알고 있었
고(95d, 참조 77b), 엠페도클레스의 자연철학과 기하학에도 어느 정도 식견

이 있었다. 특히 그는 고르기아스의 제자였다는 데 큰 자부심을 가지고 있었고, 대화편 내에서는 고르기아스를 대변하는 인물로 그려지고 있다. 그는 기원전 402년경에 정치적 목적을 위해 아테네에 파견되어 아뉘토스의 손님으로 아테네에 머물렀다. 소크라테스는 메논의 가문이 선대 때부터 페르시아 대왕과도 긴밀하게 교류했다고 말한다.

크세노폰에 따르면, 메논은 페르시아의 퀴로스가 형인 아르타크세륵세스 II세의 왕위를 찬탈하기 위해 결성한 원정대에 아리스티포스와 함께 참여했고, 여기서 아리스티포스는 퀴로스가 자신에게 준 그리스 용병들의 지휘관으로 메논을 임명했다고 한다. 이는 『메논』에서 소크라테스가 말하는 것처럼 두 사람이 연인 관계에 있었기에 가능한 일이었을 것이다. 만약 대화가 벌어지는 시기가 기원전 402년이면, 이것은 일 년 후의 일이다. 크세노폰 자신도 퀴로스 편에 서서 부정한 이 원정에 함께 참여했지만, 유독 메논에 대해서는 충성심도 없고 부도덕하고 자기 이익을 위해 배신을 일삼았던 자로 혹평하고 있다. 메논의 정치적 라이벌이었던 크세노폰의 설명을 그대로 다 믿기는 어렵지만, 메논을 대범함으로 치장된 오만과 자만과 교활함으로 가득 찬 무절제한 자로 그리는 플라톤의 묘사와 일부 일치하는 면도 있다.

아뉘토스(Anytos)

제혁업으로 많은 돈을 번 안테미온의 아들이다. 출생 연도는 불분명하지만, 대략 기원전 443년으로 추측된다. 그렇다면 대화편이 쓰였을 때 그의 나이는 41세이고 소크라테스와는 26살 차이가 난다. 그는 펠로폰네소스 전쟁 시 유력한 정치가였고, 기원전 403년에 트라쉬불로스와 함께 30인 통치를 종식시키는 데 결정적 역할을 했으며, 소크라테스의 주 고발자로도 널리 알려져 있다. 그는 민주파 정치가였으면서도 전통적인 가치관을 수용한다는 점에서 보수적 성향을 띠었다. 그래서 아리스토텔레스는 민주파 내에서도 그를 중도파로 분류했다. 또한 아뉘토스는 알키비아데스의 애인으로 알려져 있다. 소크라테스에 대한 그의 적대감은 이런 사적인 관계와 연관되어 있을 수 있다는 추측도 있다. 소크라테스에 대해서뿐만 아니라 소피스트에 대해서도 아뉘토스는 매우 적대적 태도를 취한다. 아마도 여기에는 소크라테스 역시 소피스트로 보는 아뉘토스의 시각을 전제하고 있는 듯하다. 아뉘토스의 죽음에 대해서는 확실히 알려진 것이 전혀 없다. 소크라테스의 죽음 직후 시민들의 분노로 비극적 죽음을 맞이했다고도 하지만, 기원전 384년에 집정관 (archōn)이었다는 기록도 있다

메논의 노예

메논을 수행하여 아테네에 온 노예들 가운데 하나로서 나이가 어린 것으로 보인다. 이 아이는 기하학에 관한 정상적 교육을 받지 못했지만, 그리스어를 이해하고 구사할 수 있는 능력은 가지고 있다. 소크라테스는 단지 이 사실만을 확인한 뒤, 이 노예가 스스로 상기하여 몰랐던 것을 발견하는 과정을 보여 준다. 노예의 극중 설정은 소크라테스가 배움에 게으른 자와 배움에 능한 자를 구별하는 데 중요한 역할을 한다. 신분은 귀족이지만 배움에 열려 있지 않은, 결국 배움에 있어서 노예의 처지가 되는 주인인 메논과, 신분은 노예이지만 배움을 통해 스스로 발전할 수 있는, 결국 배움에 있어서 자기 자신의 자유로운 주인의 처지가 되는 노예의 대비를 통해 소크라테스는 지식의 피동적 수용으로서의 소피스트적인 통속적 배움을 상기로서의 인식과 극적으로 구별하고 있다.

일러두기

- 번역의 기준 판본으로는 옥스퍼드 고전 텍스트(Oxford Classical Text) 시리즈인 버넷 판(John Burnet (ed), *Platonis Opera* , vol. Ⅲ, 1903)을 사용하였다.
- 좌우측 여백에 표기된 쪽수 표시(가령, 70a)는 '스테파누스 판'(H. Stephanus, *Platonis Opera quae extant omnia*, 1578)의 표기법에 따랐다.
- 버넷 판에서 언급되는 주요 사본 B, T, W, F는 다음과 같다.

  B = cod. Bodleianus sive Clarkianus 39 (895년 사본)

  T = cod. Venetus append. class. 4. cod. 1 (10세기 중반 사본)

  W = cod. Vind. suppl. phil. Gr. 7 (11세기 사본)

  F = cod. Vind. suppl. phil. Gr. 39 (14세기 또는 13세기 사본)

- 번역문은 그리스어 원문과 가능한 한 일치시키되, 문맥상 지시사가 가리키는 것이 분명하거나 생략된 말이 분명한 경우 우리말의 자연스러움을 위해 지시되거나 생략된 말을 밖으로 드러내서 옮겼다.
- 본문의 번역어들 중에서 그리스어 표기가 필요한 것들은 주석에서 밝히거나 찾아보기에 포함시켜 관심 있는 독자와 연구자가 참고할 수 있도록 했고, 찾아보기 항목은 대화편 본문에서만 뽑았다.
- 버넷 판 원문의 말바꿈표(—)는 말바꿈표 사이에 삽입된 문장과 앞뒤 문장과의 연결이 매우 부자연스런 경우에만 번역문에서 사용했다.
- 주석은 모두 미주로 처리했다.
- 그리스어 한국어 표기는 고전 시대의 발음에 가깝게 표기했다. 단, 한국어로 굳어져 널리 쓰이는 것은 예외로 했다 : 그리스(헬라스), 아테네(아테나이) 등. 후대 그리스어의 이오타시즘(iotacism)은 원칙적으로 따르지 않았다.

메논

메논

소크라테스, 메논, 아뉘토스, 메논의 노예

메논 제게 말씀하실 수 있습니까,[1] 소크라테스? 탁월함[2]은 가르 70a
쳐질 수 있는 것입니까? 아니면 가르쳐질 수는 없고, 수련될 수
있는 것입니까? 아니면 수련에 의해서나 배움에 의해서 생기는
것이 아니라, 본성적으로 사람들에게 생기거나 아니면 다른 어
떤 방식으로 생기는 것입니까?

소크라테스 메논, 예전에 테살리아[3]인들은 그리스인들 사이에서
평판이 좋았고 승마술이나 부[4]로 칭송받았네. 그런데 이제는, 내 b
가 보기에, 지혜로도 칭송받고 있네.[5] 특히 자네의 동료 아리스
티포스[6]의 고향인 라리사의 시민들[7]이 말이야. 그런데 자네들이
지혜로 칭송받는 것은 고르기아스[8] 덕분이네. 왜냐하면 그 도시
에 갔을 때 고르기아스가 자신의 지혜로 알레우아스 가문[9]의 귀
족들[10]을, 이 중에는 자네의 애인인 아리스티포스[11]가 있네만, 하
여튼 이들뿐 아니라 테살리아의 다른 귀족들을 애인들로 사로잡

았기[12] 때문이지. 게다가 이 습관 역시 그가 자네들에게 심어 주었던 것이네. 누가 뭘 묻든지, 아는 자들이라면 마땅히 그렇듯이, 두려움 없이 대범하게[13] 대답하는 습관 말일세. 왜냐하면 고르기아스 자신도 그리스인들 가운데 누구에게든 묻고 싶은 모든 것에 대해 그 자신에게 질문하도록 기회를 주었고, 그가 대답해 주지 않았던 사람은 아무도 없었기 때문이네.[14] 그런데 이곳에서는,[15] 친애하는 메논, 상황이 거꾸로 되고 말았네. 일종의 지혜의 가뭄이랄까, 그런 것이 생겨서, 지혜가 이 지역들을 떠나 자네들한테 가 버린 것 같네. 어쨌든 자네가 이곳 사람들 가운데 어떤 사람에게 그렇게[16] 묻고자 한다면, 누구라 할 것 없이 웃으며 이렇게 말할 걸세. "이방인이여, 당신에게는 내가 축복받은 사람처럼 보이나 봅니다. 탁월함이 가르쳐질 수 있는 건지, 아니면 다른 어떤 방식으로 생기는 건지를 어쨌든 내가 아는 사람처럼 보이니 말입니다. 하지만 난 탁월함이 가르쳐질 수 있는 것인지, 아니면 가르쳐질 수 없는 것인지를 알지 못합니다. 나는 실은 탁월함 자체가 도대체 무엇인지도[17] 전적으로[18] 알지 못하니까요.[19]" 사실 나 역시, 메논, 그런 처지에 있네. 나는 이 문제와 관련해서 다른 시민들과 더불어 빈곤을 겪고 있고, 탁월함에 관해 전적으로 모르는 까닭에 그런 나 자신을 탓하고 있네. 그것이 무엇인지를 알지 못하는데, 그것이 어떤 것인지를 내가 정말 어떻게 알 수 있겠는가?[20] 아니면 자네는 메논에 대해 그가 누구인지

c

71a

b

를 전적으로 알지 못하는 사람이 그가 잘생겼는지 부자인지 귀족 출신인지, 아니면 이와 반대인지를 아는 것이 가능하다고 생각하는가?[21] 자네는 그게 있을 수 있는 일이라고 생각하는가?

메논 그렇게 생각하지는 않습니다. 하지만 당신께서는, 소크라테스, 정말로[22] 탁월함이 무엇인지도 모르시는 겁니까? 당신에 대한 이런 소식을 저희 고향에 알려도 되겠습니까?   c

소크라테스 그뿐만이 아닐세, 친구여. 그걸 아는 어떤 사람도 내가 아직 만난 적이 없다고 생각한다는 점 역시 함께 알리게나.

메논 아니 무슨 말씀이십니까? 당신께서는 고르기아스가 여기에 머무르고 계실 때[23] 그분을 만나지 못하셨습니까?

소크라테스 물론 만났지.

메논 그런데도 그분은 안다는 생각이 안 드셨습니까?

소크라테스 나는 기억력이 썩 좋은 편은 아니네,[24] 메논. 그래서 내가 그때 어떻게 생각했는지를 지금은 말할 수 없네. 하지만 아마도 그분은 아실 테고, 자네도 그분이 말씀했던 것을 알 걸세.   d
그러니 그분이 어떻게 말씀했는지를 나에게 상기[25]시켜 주게. 하지만 자네가 원한다면, 자네 자신이 말해 보게. 자네는 분명히 그분과 똑같은 생각일 테니까.

메논 사실 그렇습니다.

소크라테스 그러면 이제 그분은 신경 쓰지 말도록 하세. 지금 여기에 계시지도 않으니까. 하지만 자네 자신은, 메논, 신께 맹세코, 탁월함이 무엇이라고 주장하는가? 말해 보게, 아까워 말고. 내가 했던 말이 가장 축복받은 거짓이 되게 말일세. 자네와 고르기아스가 아는 게 명백한데도 내가 여태껏 아는 사람을 아무도 못 만났다고 말했던 것 말일세.

e 메논 그야 말하기 어렵지 않습니다,[26] 소크라테스. 우선 당신께서 남자의 탁월함을 원하신다면, 그건 쉽습니다. 이게 남자의 탁월함입니다. 나랏일을 수행하는 데 능하고, 나랏일을 수행할 때 친구들은 이롭게 하되 적들은 해롭게 하며, 자신은 이와 같은 일을 결코 겪지 않도록 조심하는 것 말입니다. 그리고 여자의 탁월함을 원하신다면, 그걸 설명하는 것도 어렵지 않습니다. 여자는 집안일을 돌볼 뿐 아니라 남편에게도 순종하면서 가정을 잘 관리해야 하는 것입니다. 그 외에도 남자아이든 여자아이든 아이의 탁월함도 있고, 자유인이든 노예든 어른의 탁월함도 있습니

72a 다. 그리고 수많은 다른 탁월함들도 있고, 그래서 탁월함에 대해 그것이 무엇인지를 말하는 데 어떤 난관[27]도 없습니다. 왜냐하면 우리들 각자에게는 각각의 행위와 각자의 나이에 적합한 각각의 일과 관련해 제각기 다른 탁월함이 있고, 열등함[28] 역시, 소크라테스, 그와 마찬가지라고 저는 생각하기 때문입니다.

소크라테스 어쨌든 난 참 운이 좋은 것처럼 보이네, 메논. 나는 하나의 탁월함을 찾았던 것인데, 자네 곁에 있는 한 무리의 탁월

b 함들을 내가 발견했으니까 말일세.[29] 그렇지만, 메논, '무리들'에

관한 이 비유를 따라가 보세. 내가 벌의 본질[30]에 관해 그것이 도대체 무엇인지 물을 때 자네가 만약 벌은 많고 다양하다고 말한다면, 내가 다음과 같이 물을 경우 자네는 내게 어떻게 대답할 텐가? "그것들이 벌들인 점에서[31] 많고 다양하며 서로 다르다고 자네는 주장하는 것인가? 아니면 이 점에서는 결코 다르지 않고 다른 어떤 점에서, 가령 아름다움이나 크기나 그와 같은 다른 어떤 점에서 다르다고 주장하는 것인가?" 이런 질문을 받을 경우 어떻게 대답하겠는지 말해 보게.

메논 적어도 저로서는 이렇게 말할 것입니다. 이 벌은 저 벌과, 그것들이 벌들인 한, 결코 다르지 않다고 말입니다.

소크라테스 그러면 내가 그다음으로 묻는다고 하세. "그럼, 메논, 바로 이것을 내게 말해 주게. 모든 벌들이 결코 다르지 않고 동일한 것이라면, 자네는 어떤 점에서 그렇다고 주장하는 것인가?[32]" 자네는 틀림없이 내게 뭔가를 말해 줄 수 있겠지?   c

메논 물론입니다.

소크라테스 그러면 탁월함들에 대해서도 그렇다네. 비록 탁월함들이 많고 다양할지라도 모든 탁월함들은 동일한 어떤 하나의 형상[33]을 갖는데, 이것 때문에 그것들이 탁월함들이고, 대답하는 사람은 이것에 주목함으로써[34] 질문한 사람에게 탁월함인[35] 바로   d 그것을 아마 훌륭하게 밝혀 줄 수 있을 걸세. 혹 내가 하는 말이 이해가 가지 않는가?

메논 이해하고 있다고 생각은 합니다. 하지만 당신께서 묻고 계신 것을 제가 원하는 만큼은 아직 파악하지 못했습니다.[36]

소크라테스 그런데, 메논, 자넨 오직 탁월함에 관해서만 남자나 여자나 그 밖의 것들의 경우가 각기 다르다고 생각하는가, 아니면 또한 건강과 큼과 힘[37]에 관해서도 그렇다고 생각하는가? 남자의 건강과 여자의 건강이 다르다고 자넨 생각하는가? 아니면

e 건강의 형상은 어디에서나 동일한가? 정말 건강이 있다면, 남자에게 있든 다른 어떤 것에 있든 말일세.

메논 적어도[38] 건강은 남자의 것이든 여자의 것이든 동일하다고 전 생각합니다.

소크라테스 그렇다면 큼이나 힘도 그렇지 않은가? 만약 정말로 어떤 여자가 힘이 세다면, 그녀는 동일한 형상, 즉 동일한 힘에 의해 힘이 센 거겠지? 왜냐하면 난 '동일한 것에 의해'를 이런 의미로 이해하고 있으니까. 힘은, 남자에게 있든 여자에게 있든, 힘인 점에서는 결코 다르지 않다고 말이네. 아니면 자네는 거기에 어떤 차이가 있다고 생각하는가?

메논 전 그렇게 생각하지 않습니다.

73a 소크라테스 그런데 탁월함에는 어떤 차이가 있게 될까? 아이에게 있든 어른에게 있든 여자에게 있든 남자에게 있든, 그것이 탁월함인 점에서 말일세.

메논 제가 보기엔, 소크라테스, 이것은 어쩐지 앞의 경우들과 더

이상 비슷한 것 같지가 않습니다.[39]

소크라테스 뭔 소린가? 자넨 남자의 탁월함은 나라를 잘 관리하는 것이고 여자의 탁월함은 가정을 잘 관리하는 것이라고 말하지 않았나?

메논 물론 그랬습니다.

소크라테스 그렇다면 나라든 가정이든 다른 어떤 것이든 절제 있고 정의롭게 관리하지 않고서 잘 관리할 수 있겠는가?

메논 결코 그럴 순 없지요.

소크라테스 정말 그들이 정의롭고 절제 있게 관리한다면, 그들은   b
정의와 절제에 의해 관리하는 것이 아니겠나?

메논 당연하죠.

소크라테스 그러니까 그들이 뛰어난[40] 사람이고자 한다면, 남자든 여자든 양쪽 모두 동일한 것들을 필요로 할 걸세. 정의와 절제 말이지.

메논 그렇게 보입니다.

소크라테스 그렇다면 아이와 어른은 어떤가? 그들이 무절제하고 부정할 때, 그들은 당연히 뛰어난 사람일 수 없지 않겠는가?

메논 결코 그럴 수 없죠.

소크라테스 그게 아니라 절제 있고 정의로울 때지?   c

메논 물론입니다.

소크라테스 그러니까 모든 사람들은 동일한 방식으로 뛰어난 사람일 것이네. 동일한 것들을 지닐 때 비로소 뛰어난 사람이 될 테니까.

메논 그렇게 보입니다.

소크라테스 그들의 탁월함이 동일하지 않다면, 분명히 그들은 동일한 방식으로 뛰어난 사람이 아닐 걸세.

메논 당연히 그렇겠죠.

소크라테스 그렇다면 말일세, 모든 사람들의 탁월함은 동일한 것이니까, 고르기아스, 그리고 그를 따르는 자네가 탁월함 자체가 무엇이라고 주장하는지를 상기해서 말해 보도록 하게.[41]

d   메논 사람들을 지배할 수 있는 것 외에 달리 무엇이겠습니까? 당신께서 정말 모든 사람들에 적용되는[42] 하나의 어떤 것을 찾고 계시다면 말씀입니다.

소크라테스 물론 그걸 찾고 있지. 하지만, 메논, 아이의 탁월함도 노예의 탁월함도 동일한 것인가? 아이와 노예가 가장을 지배할 수 있는 것,[43] 이게 그들의 탁월함인가?[44] 그리고 지배하는 자가 여전히 노예일 거라고 자넨 생각하는가?

메논 절대 그렇게 생각하지 않습니다, 소크라테스.

소크라테스 아니고말고, 더없이 뛰어난 친구여. 이 점 역시 생각해 보게. 자네는 탁월함이 지배할 수 있는 것이라고 주장하네. 우리는 거기에다 '정의롭게'는 덧붙이되 '부정하게'는 덧붙이지 말아야 할 게 아닌가?

메논 적어도 전 그렇게 생각합니다. 정의는 탁월함이니까요, 소크라테스.

소크라테스 메논, 그것은 탁월함인가, 아니면 탁월함의 일종인가?[45]   e

메논 무슨 말씀을 하시는 겁니까?[46]

소크라테스 다른 모든 경우에 관해서도 마찬가질세. 예컨대, 자네가 원한다면, 둥긂[47]에 관해서 난 그것이 형태[48]의 일종이라고 말하지, 그렇게[49] 단적으로 형태라고 말하지는 않을 걸세. 그런데 내가 이런 식으로 말하는 까닭은 다른 형태들 또한 있기 때문이네.

메논 맞는 말씀이십니다. 저 역시 정의뿐 아니라 다른 탁월함들도 있다고 말하니까요.

소크라테스 그것들이 뭔가? 말해 보게. 만약 자네가 내게 요구한다면, 나도 자네에게 그 밖의 다른 형태들을 말해 줄 것이네. 그러니 자네도 내게 다른 탁월함들을 말해 주게.   74a

메논 정 그러시다면 말씀드리죠.[50] 저는 용기가 탁월함이라고 생각하고, 절제와 지혜와 대범함[51]과 다른 수많은 것들도 그렇다고 생각합니다.

소크라테스 다시 한 번, 메논, 우리는 똑같은 일을 겪게 되었네. 하나의 탁월함을 찾고 있었지만 우리는 여러 탁월함들을 다시 발견했네. 아까와는 다른 방식으로 말일세. 하지만 이 모든 것들을 꿰는 하나의 탁월함, 이것을 우리는 발견할 수 없네.

b 메논 왜냐하면, 소크라테스, 저는 당신께서 찾으시는 방식대로 모든 것에 적용되는 하나의 탁월함을 아직 포착할 수 없기 때문입니다. 다른 것들의 경우와는 달리 말이지요.

소크라테스 당연히 그렇겠지. 하지만 나는 할 수 있는 한 우리가 거기에 가까이 가도록[52] 최선을 다할 것이네. 아마도 자넨 모든 경우에 그렇다는 것을 이해할 테니까. 누가 "메논, 형태가 무엇인가?"라고 내가 방금 전에 말했던 것처럼 자네에게 묻고, 자네가 그것이 둥긂이라고 그에게 대답한다고 하세. 그리고 "둥긂은 형태인가, 아니면 형태의 일종인가?"라고 나처럼 그가 자네에게 묻는다고 하세. 자넨 분명히 그것은 형태의 일종이라고 대답할 걸세.

메논 물론이죠.

c 소크라테스 그렇게 대답하는 까닭은 다른 형태들 또한 있기 때문이 아니겠나?

메논 그렇습니다.

소크라테스 그리고 그가 자네에게 그것들이 어떤 것들인지를 계속 묻는다면, 자네는 그에 대해 말해 주겠지?

메논 당연하죠.

소크라테스 그리고 이번엔 그가 색깔에 대해 마찬가지로 그것이 무엇인지를[53] 묻는다면, 그리고 자네가 '흼'이라고 대답한 뒤 묻는 자가 이어서 "흼은 색깔인가 색깔의 일종인가?"라고 응수한

다면, 실은 다른 색깔들도 있으니까 색깔의 일종이라고 대답하
겠지?

메논 물론입니다.

소크라테스 그리고 그가 자네에게 다른 색깔들을 말하도록 요구
한다면, 자넨 흼과 마찬가지로 색깔들인[54] 다른 것들을 말해 주   d
겠지?

메논 물론이죠.

소크라테스 그러면 그가 나처럼 이 주장을 좇아서 다음과 같이 말
한다고 하세. "우리는 언제나 여럿에 이르고 있네. 그러나 나한
테는 그렇게 말하지 말게. 자네는 이 여럿을 어떤 하나의 이름으
로 지칭하고, 그것들 중 어떤 것도 형태가 아니라고는 주장하지
않네. 그것들이 서로 대립하기까지 하더라도 말일세. 그러니까
곧은 것과 마찬가지로 둥근 것을[55] 포함하는 이것은 무엇인가?
자네가 형태라 이름하고, 그래서 자네도 곧은 것이 형태인 것처   e
럼 둥근 것이 형태라고[56] 주장하는 것 말일세." 혹 자네는 그렇게
말하지 않는 건가?

메논 아닙니다. 그렇게 말합니다.

소크라테스 그럼 좋네. 자네가 그런 식으로 말한다면, 자넨 그때[57]
둥근 것이 곧은 것처럼 둥글고[58] 곧은 것이 둥근 것처럼 곧다고
주장하는 건가?

메논 절대 그렇지 않습니다, 소크라테스.

소크라테스 곧은 것이 형태인 것처럼 둥근 것이 형태이고[59] 그 반대도 마찬가지라는 게[60] 바로 자네 주장이네.

메논 맞는 말씀이십니다.

75a 소크라테스 그렇다면 형태라는 이 이름을 갖는 그것은 도대체 무엇이란 말인가? 말해 보게. 그럼 형태나 색깔에 관해 그런 식으로 묻는 자에게 자네가 이렇게 말한다고 하세. "그런데, 이 양반아, 나는 당신이 뭘 원하는지도 이해 못 하겠고, 뭘 말하는지도 모르겠소." 아마도 그는 놀라서 이렇게 말할 걸세. "내가 이 모든 경우에 걸쳐 동일한 것을 찾고 있다는 것을 당신은 이해하지 못한단 말이오?" 아니면, 메논, 누가 자네에게 "둥근 것이나 곧은 것, 그리고 자네가 형태로 명명하는 다른 것들과 같은 이 모든 경우에 걸쳐 동일한 것이 무엇인가?"라고 묻는다면, 자네는 이런 경우에도 대답할 수 없겠나? 말해 보게. 자네에게 또한 탁월함에 관해 답변하는 연습도 되도록 말이야.

b 메논 아닙니다, 소크라테스, 당신께서 말씀하시죠.

소크라테스 내가 자네에게 호의를 베풀기를 원하는가?[61]

메논 물론이죠.

소크라테스 그럼 자네 역시 나에게 탁월함에 관해 말해 줄 의향이 있는가?

메논 당연하죠.

소크라테스 뭐 그렇다면, 열심히 해야만 하겠군. 그럴 만한 일이

니까.[62]

메논 당연히 그러셔야죠.

소크라테스 자 그러면, 자넬 위해 형태가 무엇인지 말해 보도록 하세. 그럼 그것이 바로 이거라는 걸 자네가 받아들이겠는지 살펴보게. '사물들[63] 가운데 유일하게 항상 색깔에 수반되는 것', 우린 이것을 형태라고 하세. 이 대답이 자네에게 충분한가, 아니면 자네는 그것을 어떤 다른 방식으로 찾고 있는 것인가? 자네가 나 에게 탁월함을 그런 식으로라도 말해 준다면, 난 만족할 것이기 때문이네.[64]

메논 그러나, 소크라테스, 그것은 순진한[65] 말씀입니다.

소크라테스 뭔 소린가?

메논 형태는 아마도,[66] 당신 말씀대로, 항상 색깔[67]에 수반되는 것 이라는 대답 말입니다. 그건 그렇다고 치죠. 그런데 이때 누가 색깔을 안다고 주장하지 않고[68] 형태에 대해서와 마찬가지로 색깔에 대해서도 난관에 처해 있다면, 당신께서는 그 사람에게 무슨 대답을 주셨을 거라고 생각하십니까?

소크라테스 최소한 나는 참인 대답을 주었을 걸세. 그리고 묻는 자가 물론 지혜로우면서도[69] 또한 논쟁적일 뿐 아니라 경쟁적이 기도[70] 한 사람들 중 한 사람이라면, 나는 그에게 이렇게 말할 걸 세. "내 말은 끝났소만, 만약 내 말이 틀리다면, 설명을 요구하고 비판적으로 검토하는 것[71]은 당신 일이오." 하지만 지금의 나와

c

d

자네처럼 친구로서 서로 문답하기를 원한다면, 어떤 식으로든 더 부드럽고 문답에 더 적합하게 대답해야만 하네. 그런데 '문답에 더 적합하다는 것'은 아마도 참인 것을 대답하는 것일 뿐 아니라 질문받는 자가 안다고 미리 동의하는[72] 것들을 통해 대답하는 것일 걸세. 그럼 나도 자네에게 그렇게 말하도록 시도할 것이네.

e 그러니 내게 말해 보게. 자네는 '끝'을 '어떤 것'으로 부르는가?[73] 나는 한계와 극단과 같은 그런 것을 말하네. 난 이 모든 것들을 동일한 어떤 것으로 말하고 있네. 그런데 아마도 프로디코스[74]는 우리와 다를 수[75] 있겠지만, 최소한 자네는 '한계 지어지다'나 '끝맺어지다'를 어떤 것으로 부르리라 보네. 그와 같은 것을 나는 말하고자 하는 것이고, 어떤 복잡한[76] 것을 말하려는 게 결코 아니네.

메논 그야 저는[77] 그렇게 부르고, 당신께서 말씀하시는 것을 이해하고 있다고 생각합니다.

76a 소크라테스 그러면 어떤가? 자네는 평면을 어떤 것으로 부르고, 입체를 다른 어떤 것으로 부르지? 즉, 기하학들[78]에서 고찰하는 그런 것들 말일세.[79]

메논 저야 물론 그렇게 부릅니다.

소크라테스 그렇다면 이제 자네는 이것들로부터 내가 말하는 형태를 이해할 수 있을 것이네. 왜냐하면 모든 형태에 대해 나는 이렇게 말하니까. 입체를 한계 짓는 것이 바로 형태라고 말일세.

이것을 요약해서, 난 형태는 입체의 한계[80]라고 말하겠네.

메논 그렇다면 색깔을 무엇으로 말씀하시는 겁니까,[81] 소크라테스?

소크라테스 자네 참 무례하군, 메논. 나이 먹은 사람에게는 대답하는 수고를 떠맡기면서, 정작 자네 자신은 고르기아스가 탁월함이 도대체 무엇이라고 말하는지를 상기해서 말하려고 하지 않는군.

b

메논 그러나 당신께서 이것을 제게 말씀해 주시면, 저도 당신께 말씀드리겠습니다.

소크라테스 심지어 눈이 가려져 있는 사람도, 메논, 자네가 그와 문답할 때, 자네가 잘생기고 곁에 애인들[82]을 아직 두고 있다는 것을 알 걸세.

메논 대체 어떻게 말입니까?

소크라테스 자네는 논의할 때 명령 말고 다른 어떤 것도 하지 않기 때문이네. 마치 버릇없는 애들이 하는 것처럼 말일세. 한창때에는 참주로 군림하는 법이니까. 그리고 동시에 자넨 내가 잘생긴 남자들한테는 꼼짝 못한다는 것을 내게서 아마 알아챘을 걸세. 그러니 나는 자네에게 호의를 베풀 것이고 또 대답할 것이네.

c

메논 당연히 저한테 호의를 베푸셔야죠.

소크라테스 그러면 자네는 내가 고르기아스의 방식으로[83] 자네에게 대답해 주기를 원하나? 자네가 그 방식을 가장 잘 따라갈 수 있을 테니까 말일세.

메논 바라죠. 왜 아니겠습니까?

소크라테스 자네들은[84] 엠페도클레스[85]에 따라 사물들[86]의 어떤 유출물들[87]을 말하지 않는가?

메논 당연히 말하죠.

d 소크라테스 그리고 유출물들이 들어가고 지나가는 통로들도 말하겠지?

메논 물론이죠.

소크라테스 그리고 유출물들 중 일부는 어떤 통로들에 맞지만, 다른 것들은 통로들보다 더 작거나 더 크다고 말하겠지?

메논 그렇습니다.

소크라테스 그리고 자네는 시각을 어떤 것으로 부르지 않나?

메논 부르죠.

소크라테스 그럼 이것들로부터, 핀다로스[88]가 말했듯이, "내가 자네에게 무슨 말을 하려는지를 이해하게." 색깔이란 시각에 들어맞고 지각될 수 있는, 형태들의 유출물[89]이라는 걸 말일세.

메논 최선의 대답을 하신 것으로 제겐 보입니다, 소크라테스.

소크라테스 아마도 내 대답이 자네에게 익숙한 방식으로 말해졌기 때문일 걸세. 그리고 동시에 내 대답으로부터 소리와 냄새, 그리고 그와 같은 여러 다른 것들이 무엇인지도 말할 수 있을 거라는 사실을 자네가 깨닫고 있으리라 난 생각하네.

e

메논 당연하죠.

소크라테스 그 대답이 비극 투[90]이기 때문이지, 메논. 그래서 형태에 관한 대답보다 자네 마음에 더 든 걸세.

메논 적어도 제게는 그렇습니다.

소크라테스 그러나, 알렉시데모스의 아들이여, 이게 아니라 저게 더 낫네. 난 그렇다고 자신하네. 그리고 자네도 그렇게 생각할 거라고 난 생각하네. 자네가 어제 말했던 것처럼 신비의식 전에 꼭 떠날 필요가 없고, 여기 남아서 입문하게 된다면 말일세.[91]

메논 기꺼이 전 남을 겁니다, 소크라테스. 만약 당신께서 그와 같은 많은 것들을 제게 말씀해 주신다면 말이죠. 77a

소크라테스 정말이지 나는 그와 같은 것들을 말할 땐 적어도 열의에 있어서만큼은 조금의 부족함도 없도록 할 것이네. 자네뿐 아니라 나 자신을 위해서도 말이야. 하지만 그와 같은 많은 것들을 말할 수 없게 되지 않을까 두렵네. 자 그럼, 자네도 탁월함에 관해 그것이 무엇인지를 전체의 측면에서[92] 말함으로써 나와의 약속을 지키도록 노력하게. 그리고 농담하는 사람들이 어떤 것을 깨부수는 사람들에 대해 매번 말하는 것처럼 하나로부터 여럿을 만드는 걸 멈추고, 탁월함을 전체로서 그리고 건강하게 둔 채 그것이 무엇인지를 말해 보게. 자넨 적어도 그 예들은 이미 나에게서 얻었네. b

메논 정 그러시다면 말씀드리죠, 소크라테스. 탁월함은, 시인이

말하듯이,[93] "훌륭한 것들을 반기고 또 힘을 갖는 것"[94]이라고 제
겐 생각됩니다. 그리고 저는 이것을 탁월함으로 말합니다. 훌륭
한 것들을 욕구하면서 획득할 수 있는 것 말입니다.

소크라테스 자네는 훌륭한 것들을 욕구하는 사람이 좋은 것들을
욕구하는 사람이라고 주장하는가?

메논 당연하죠.

소크라테스 나쁜 것들을 욕구하는 사람들이 있고, 다른 한편으로
c   좋은 것들을 욕구하는 사람들이 있어서인가? 모든 사람들이, 이
더없이 좋은 사람아, 좋은 것들을 욕구한다고는 생각하지 않는가?

메논 전 그렇게 생각하진 않습니다.

소크라테스 오히려 어떤 사람들은 나쁜 것들을 욕구한다는 말인
가?

메논 그렇습니다.

소크라테스 자네 말은 그들이[95] 나쁜 것들이 좋다고 생각하면서
그것들을 욕구한다는 것인가, 아니면 나쁜 것들이 나쁘다는 걸
알면서도 그것들을 욕구한다는 것인가?

메논 전 두 가지 다라고 생각합니다.

소크라테스 자넨 정말로 어떤 사람이 나쁜 것들이 나쁘다는 것을
알면서도 그것들을 욕구한다고 생각하는가?

메논 물론입니다.

소크라테스 '그가 욕구한다는 것'을 자넨 무엇으로 말하는가? '그

가 갖게 된다는 것'인가?

메논 예. '그가 갖게 된다는 것'입니다. 사실 달리 뭘 의미하겠습니까?

소크라테스 그는 나쁜 것들이 그것들을 갖게 되는 그 자신에게 이 롭다고 믿으면서 나쁜 것들을 욕구하겠는가, 아니면 나쁜 것들 이 그것들을 소유하게 되는 그 자신에게 해롭다는 것을 알면서 나쁜 것들을 욕구하겠는가?   d

메논 나쁜 것들이 이롭다고 믿는 사람들도 있지만, 해롭다는 것을 아는 사람들도 있습니다.

소크라테스 그리고 자네는 나쁜 것들이 이롭다고 믿는 사람들이 나쁜 것들이 나쁘다는 것을 안다고 생각하는가?

메논 적어도 그것만큼은 절대 사실이 아니라고 전 생각합니다.

소크라테스 그렇다면 분명히 이 사람들은 나쁜 것들을 욕구하는 게 아니네. 그것들을 모르는 사람들[96] 말일세. 오히려 그들은 그 들이 좋은 것이라고 생각하는 것들을, 이것들이 어쨌든 나쁜 것 들인데도, 욕구하는 것이네. 그래서 나쁜 것들을 모르고[97] 그것 들이 좋은 것이라고 생각하는 사람들은 좋은 것들을 욕구하는 것이 분명하네. 그렇지 않은가?   e

메논 적어도 그들은 그런 것처럼 보입니다.

소크라테스 그러면 어떤가? 자네가 주장하는 것처럼, 한편으로 나쁜 것들을 욕구하지만 다른 한편으로 나쁜 것들이 그것들을 갖게 되는 그자에게 해롭다고 믿는 사람들은 그들이 그것들에 의해 해를 입게 된다는 사실을 정말로 아는 것인가?

78a 메논 당연하죠.

소크라테스 그러나 그 사람들은 해를 입는 사람들이, 해를 입는 한, 불쌍하다고 생각하지 않겠는가?

메논 이것 역시 당연합니다.

소크라테스 그런데 불쌍한 사람들은 불행한 사람들이 아닌가?

메논 적어도 전 그렇게 생각합니다.

소크라테스 그렇다면 불쌍하고 불행하길 원하는 사람이 한 사람이라도 있는가?

메논 없다고 생각합니다, 소크라테스.

소크라테스 따라서 어느 누구도, 메논, 그와 같은 사람이길 원치 않는다면, 나쁜 것들을 원치 않네. 왜냐하면 나쁜 것들을 욕구하고 또 획득하는 것 말고 다른 무엇이 불쌍한 것이겠나?

b 메논 옳은 말씀을 하신 것처럼 보입니다, 소크라테스. 그리고 아무도 나쁜 것들을 원하지 않는 것으로 보입니다.[98]

소크라테스 자네는 방금 전에 탁월함은 좋은 것들을 원하고 또 힘을 갖는 것이라고 말하지 않았나?

메논 물론 그렇게 말했죠.

소크라테스 그렇다면 자네가 말한 것 중에서[99] '원함'은 모든 사람에게 있는 것이고 최소한 이 점에서 어떤 사람이 다른 사람보다

40

결코 더 낫지는 않겠지?

메논 그렇게 보입니다.

소크라테스 그러나 어떤 사람이 다른 사람보다 더 낫다면, 분명히 '힘을 갖는다'는 측면에서 더 뛰어날 걸세.

메논 전적으로 그렇죠.

소크라테스 따라서 이것이, 자네 말에 따르면, 탁월함인 것으로 보이네. 좋은 것들을 획득할 수 있는 힘 말일세.   c

메논 전적으로 저는, 소크라테스, 당신께서 지금 이해하신 대로라고 생각합니다.

소크라테스 그럼 이것도 우리 한번 보세. 자네 말이 옳은지 말이야. 아마도 자네가 잘 말했을 테니까. 자넨 좋은 것들을 획득할 수 있는 것이 탁월함이라고 주장하는 거지?

메논 그렇습니다.

소크라테스 그런데 자네는 건강뿐 아니라 부와 같은 것을 좋은 것들로 부르지 않는가?

메논 저는 금과 은뿐 아니라 나라에서 수여하는 명예들과 관직들을 획득하는 것도 좋은 것으로 말합니다.

소크라테스 자넨 그런 것들 말고 다른 어떤 것들을 좋은 것으로 말하는 게 아닐 테지?

메논 아닙니다. 그와 같은 것 전부를 좋은 것이라고 말합니다.   d

소크라테스 그렇다면 좋네. 금과 은을 획득하는 것이 탁월함이네.

선대부터[100] 대왕[101]의 손님[102]이었던 메논이 주장하는 것처럼 말일세. 메논, 자네는 이러한 획득에다 '정의롭게 그리고 경건하게'를 덧붙이는가, 아니면 그건 자네에게 아무 문제도 안 되고, 누군가가 그것들을 부정하게 획득할 경우에도 마찬가지로 그것들을 탁월함으로 부르는가?

메논 결코 그렇게 부르지 않습니다, 소크라테스.

소크라테스 오히려 열등함으로 부르지?

메논 전적으로 그렇습니다.

e 소크라테스 따라서 이러한 획득에다 '정의'나 '절제'나 '경건'이나 탁월함의 다른 어떤 부분을 추가해야만 할 것 같네. 그렇게 하지 않는다면, 탁월함은 탁월함이 아닐 걸세. 비록 좋은 것들을 획득하더라도 말일세.

메논 이것들 없이 대체 어떻게 탁월함이 생길 수 있겠습니까?

소크라테스 그런데 금과 은을 획득하는 것이 정의롭지 않을 때면 자신이나 다른 사람을 위해서 획득하지 않는 것, 바로 이러한 비획득[103] 또한 탁월함이 아닌가?

메논 그렇게 보입니다.

소크라테스 따라서 그와 같은 좋은 것들의 획득은, 비획득이 탁월함인 것처럼, 탁월함이네.[104] 그렇지만 정의와 함께 생기는 모든
79a 것이 탁월함일 것이고 그와 같은 모든 것들 없이 생기는 것은 열등함일 것으로 보이네.

42

메논 당신 말씀대로일 수밖에 없다고 전 생각합니다.

소크라테스 그런데 우리는 조금 전에[105] 이것들 각각이 탁월함의 부분이라고 말하지 않았나? 정의와 절제와 그와 같은 모든 것들 말일세.

메논 예.

소크라테스 그렇다면, 메논, 자넨 날 놀리고 있나?

메논 왜요, 소크라테스?

소크라테스 아까 내가 자네에게 탁월함을 쪼개거나 조각내지 말라고 요구했고 자네가 대답할 때 따라야만 할 예들까지 제시했는데도, 자넨 이것을 무시하고서 탁월함은 좋은 것들을 정의와 b 함께 획득할 수 있는 것이라고 나한테 말하기 때문이네. 그런데 정의는 탁월함의 부분이라고 자넨 주장하지?

메논 그렇습니다.

소크라테스 그렇다면 자네가 동의하는 것들로부터 따라 나오네. 무엇을 행하든 탁월함의 부분과 함께 행하는 것, 이것이 탁월함이라는 것 말일세. 왜냐하면 자넨 정의와 이것들 각각이 탁월함의 부분이라고 주장하니까. 그렇다면 내가 왜 이걸 말하는 건가? 내가 탁월함을 전체로서[106] 말하도록 요구할 때, 자넨 그것이 무엇인지에 대해서는 아무 말도 하지 않고, 모든 행위가 탁월함의 부분과 함께 이루어진다면 그것이 탁월함이라고 주장하고 있기 때문일세. 탁월함을 부분들로 산산조각 내고서도, 마치 자네 c

는 탁월함이 전체로서 무엇인지를 말했던 것처럼, 그리고 마치 나는 이제야 그것을[107] 알 수 있을 것처럼 말이야. 그러니 내 생각으로는, 친애하는 메논, 자네는 같은 질문을 처음부터 다시 할 필요가 있네. 탁월함의 부분과 함께 행해지는 모든 행위가 탁월함일 수 있다면, 탁월함은 무엇인가? 왜냐하면 이것이 누군가가 정의와 함께 행해지는 모든 행위가 탁월함이라고 말할 때면 말하는 것이기 때문이네. 아니면 자네에겐 같은 질문을 다시 할 필요가 있는 것으로 보이지 않고, 어떤 사람이 탁월함을 알지 못하는 데도 탁월함의 부분이 무엇인지를 안다고 생각하는가?[108]

메논 적어도 전 그렇게 생각하지 않습니다.

d 소크라테스 그래선 안 되지. 자네가 정말로 기억하고 있다면 말이야. 내가 형태에 관해 자네에게 방금 전에 대답했을 때, 우리는 여전히 탐구되고 있고 아직 동의되지 않은 것들을 통해 대답하려는 그런 식의 대답을 분명 거부했으니까.

메논 우리가 거부한 건 정말 올바른 일이었습니다, 소크라테스.

소크라테스 그러니까, 더없이 뛰어난 친구여, 자네도 전체로서의 탁월함이 무엇인지가 아직 탐구되고 있을 때 이것의 부분들을 통해 대답함으로써 그것을 어느 누구에게든 밝혀 줄 수 있을 거라거나 이와 동일한 방식으로 말함으로써 다른 어떤 것도 밝혀

e 줄 수 있을 거라고 생각해선 안 되네. 오히려 같은 질문을 다시 할 필요가 있다고 생각하게. 탁월함이 무엇인가 하는 것 말일세.

자네가 말할 때도 이것을 말하고 있는 것이네. 아니면 자네에겐 내가 허튼소리를 하는 것처럼 보이는가?

메논 적어도 전 당신 말씀이 옳다고 생각합니다.

소크라테스 그러니 처음부터[109] 다시 대답해 보게. 자네뿐 아니라 자네의 동료는 탁월함이 무엇이라고 주장하는가?

메논 소크라테스, 저는 당신을 만나기 전에도 당신께선 틀림없이 스스로도 난관에 빠져 있을 뿐 아니라 다른 사람들 역시 난관에 빠뜨린다는 사실을 듣곤 했습니다. 그리고, 어쨌든 제가 보기에는, 당신께서 주술을 걸어 저를 호리고[110] 현혹하며[111] 전혀 꼼짝 못하게 한 나머지[112] 지금 저는 난관으로 가득 차게 되었습니다. 그리고 제가 농담을 약간 해도 된다면, 제가 보기에 당신께서는 외모[113]나 다른 측면들에 있어서 전적으로 바다에 사는 저 넓적한 전기가오리[114]와 아주 비슷합니다. 왜냐하면 이것 역시 접근하거나 접촉하는 것을 항상 마비시키지만, 제가 보기에는 당신께서도 지금 제게 그와 같은 뭔가를 가했기 때문입니다. 정말로 저로서는 영혼도 입[115]도 다 마비되고, 당신께 무슨 대답을 드려야 할지 모르겠으니 말입니다. 그런데도 저는 어쨌든 수만 번이나, 또한 많은 사람들을 향해 탁월함에 대해 수많은 말들을 했고, 그것도 썩 잘했죠. 적어도 제 자신이 보기에는 말입니다. 그런데 지금은 그것이 무엇인지 전적으로[116] 말할 수 없습니다. 그리고 당신께서 여기를 떠나 여행하지도 않고 다른 나라에 머무르지도

80a

b

않으신 것은 잘 결정하신 거라고 생각합니다. 만약 이방인으로 다른 나라에서 그와 같은 일들을 하셨다면, 아마 주술사로 체포되셨을 테니까요.

c 소크라테스 메논, 자넨 참 교활하군. 그리고 하마터면 자네에게 속을 뻔했네.

메논 정확히 어떤 점에서요, 소크라테스?

소크라테스 난 자네가 무엇 때문에 날 거기다 비유했는지 아네.

메논 대체 무엇 때문이라고 생각하시는데요?

소크라테스 내가 자넬 다시 어떤 것에 비유할 수 있게끔 하기 위해서지. 게다가 난 잘생긴[117] 사람들에 대해서 이 점을 아네. 그들이 비유되는 것을 좋아한다는 것 말일세. 그게 그들에게는 이익이기 때문이지. 잘생긴 사람들에 비유된 것들[118] 역시 멋지다고[119] 난 생각하니까 말일세. 그러나 난 자넬 다시 어떤 것에 비유하지 않을 셈이네. 나는 말일세, 전기가오리 자체가 그렇게 마비되어 있으면서 다른 것들을 마비시키는 것이라면, 물론 그것과 비슷하네. 그러나 그게 아니라면, 비슷하지 않네. 왜냐하면 나 자신은 난관을 벗어날 길을 알면서[120] 다른 사람들을 난관에 빠뜨리는 것이 아니라, 그 누구보다도 나 자신이 난관에 빠져 있

d 으면서 다른 사람들 역시 그렇게 난관에 빠뜨리기 때문이네. 지금도 탁월함에 관해서는 그것이 무엇인지 난 알지 못하네. 하지만 자넨 아마도 나와 접촉하기 전에 이미 알았다고 하더라도 지

46

금은 알지 못하는 자와 흡사하네. 그럼에도 불구하고 난 그것이 도대체 무엇인지를 자네와 함께 고찰하고 탐구하길 바라네.

메논 당신께서는 어떤 방식으로 이것을[121] 탐구하실 겁니까, 소크라테스? 당신께서 그것이 무엇인지를 전적으로[122] 알지 못한다면 말이죠. 당신께서 알지 못하는 것들 중에서 어떤 것[123]을 내세우고 나서 탐구하실 겁니까? 혹시 당신께서 그것과 정확히 딱 마주친다고 하더라도, 이것이 당신께서 알지 못했던 것인지를 어떻게 아실 수 있겠습니까?

소크라테스 자네가 무슨 말을 하려는지를[124] 이해하겠네, 메논. 자넨 자네가 이것을 논쟁적인[125] 논변으로 이끌어 내고[126] 있다는 것을 보고 있는가? 사람은 아는 것도, 알지 못하는 것도 결국 탐구할 수 없다는 것 말일세. 말하자면, 적어도 아는 것은 탐구하지 않을 걸세. 왜냐하면 이미 알고, 또 적어도 그런 사람은 탐구가 전혀 필요하지 않으니까. 그리고 알지 못하는 것도 탐구하지 않을 걸세. 무엇을 탐구해야 할지를 알지 못하니 말이야.

메논 그럼 당신께는 이 논변이 훌륭하게 언급된 것으로 보이지 않습니까, 소크라테스?

소크라테스 적어도 나에겐 그렇게 보이지 않네.

메논 어째서 그런지 말씀하실 수 있습니까?

소크라테스 물론이지. 왜냐하면 난 신적인 일들을 잘 아는 남자들과 여자들[127]이 하는 말을 들었기 때문이네.

메논 그들이 무슨 말을 했는데요?

소크라테스 적어도 내가 보기에는 참이며 훌륭한 말이었네.

메논 그 말이 뭡니까? 그리고 말하는 사람들은 누굽니까?

소크라테스 말하는 사람들은 자신들이 관장하는 일들[128]을 해명할
b 수 있는 것에 관심을 가졌던 남녀 사제들이네. 핀다로스뿐 아니
라 신적인 다른 많은 시인들도 말하고. 그리고 그들이 말하는 것
은 이것이네. 하지만 그들이 진실을 말하는 것으로 자네에게 보
이는지 살펴보게. 그들은 인간의 영혼은 불멸한데, 삶을 마감하
는 때가 있고 — 바로 이것을 사람들은 '죽는 것'으로 부르네[129] —
다시 태어나는 때가 있지만, 결코 소멸하지는 않으며, 바로 이
때문에 삶을 가능한 한 경건하게 살아야만 한다고 주장하니 말
일세. 말하자면 —

페르세포네가 그녀의 옛 고통에 대한 대가를
받아낸 모든 자들, 그들의 영혼을 그녀는 아홉 번째 해에 저편 태양으로
다시 되돌려 보내노니,
c   *이들로부터 고귀한 왕들과*
힘이 넘치고 지혜에 더없이 밝은
자들이 성장하노라. 그리고 후세에 신성한 영웅으로
사람들에 의해 불리도다.[130]

그리하여, 영혼은 불멸할 뿐 아니라 여러 번 태어나고 여기 지상 뿐 아니라 하데스에[131] 있는 이 모든 것들[132]을 보았기 때문에, 영혼이 배우지 않은 것은 없다네. 그래서 탁월함에 관해서든 다른 것들에 관해서든 영혼이 어쨌든 전에 인식한 것들을 상기할 수 있다는 것은 결코 놀랄 일이 아니네. 왜냐하면 자연 전체가 같은 혈통이고[133] 영혼은 모든 것들을 배웠기 때문에, 단 하나를 상기한 사람이 — 이것이 바로 사람들이 '배움'으로 부르는 것이네 — 그가 용감하고 탐구하는 데 지치지 않는다면 다른 모든 것을 스스로 발견하지 못할 이유는 전혀 없기 때문이지. 탐구와 배움은 결국 모두[134] 상기니까 말일세. 그러니까 이런 논쟁적인 논변에 결코 설득돼서는 안 되네. 왜냐하면 이 논변은 우리를 게으르게 만들 것이고 유약한 인간들의 귀를 즐겁게는 하겠지만,[135] 지금의 논변은[136] 우리를 부지런하게 만들 뿐 아니라 탐구에 매진하게 만들기 때문이네. 나는 이 논변이 참이라고 믿기에 자네와 탁월함이 무엇인지를 함께 탐구하길 바라는 거네.

메논 좋습니다, 소크라테스. 하지만 어떤 의미로[137] 이것을 말씀하시는 겁니까? 우리는 배우는 게 아니고 우리가 '배움'으로 부르는 것은 상기라는 것 말입니다. 이것이 어떻게 그런지를 제게 가르쳐 주실 수 있습니까?

소크라테스 메논, 나는 방금 전에도 자네가 교활하다고 말했는데,[138] 지금도 자넨 내가 자넬 가르칠 수 있는지를 묻고 있네. 가르침은 있지 않고 상기가 있다고 주장하는데 말이야. 그 즉시 내 자신이 자기모순적인 말을 하는 것으로 보이도록 말일세.

메논 제우스께 맹세코, 그렇지 않습니다, 소크라테스. 전 그걸 노리고 말씀드렸던 게 아니라 습관적으로 그랬습니다. 그러나 당신 말씀이 사실이라는 것을 어떤 식으로든 제게 보여 주실 수 있으시다면, 보여 주세요.

소크라테스 물론 그게 쉬운 일은 아니네. 하지만 그래도 자넬 위해 기꺼이 해 보겠네. 일단[139] 여기 있는 자네의 이 많은 하인들 중 누구든 자네가 원하는 한 사람을 내게 불러 주게. 그자를 통해 자네에게 증명할 수 있게 말이야.

메논 알겠습니다. 이쪽으로 오너라!

소크라테스 이 아이는 그리스 사람이고 그리스 말을 하겠지?

메논 당연하죠. 분명히 이 집에서 태어난 아이입니다.

소크라테스 그럼 자네에겐 이 아이가 둘 중 어느 쪽으로 보이는지에 주목하게. 상기하는지, 아니면 나로부터 배우는지 말일세.

메논 주목하겠습니다.

소크라테스 그럼, 얘야, 내게 말해 보거라. 넌 정사각형[140]이 이와 같은 것이라는 걸 아니? (소크라테스는 정사각형 ABCD를 그린다 : 도형 1 참고)

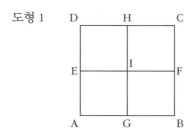

도형 1

노예[141] 예.

소크라테스 그렇다면 정사각형의 이 네 개의 선분들(AB, BC, CD,   c
DA) 모두는 길이가 같겠지?

노예 물론입니다.

소크라테스 가운데를 통과하는 이 선분들(EF, GH)[142]도 길이가 같
지 않겠니?

노예 그렇습니다.

소크라테스 그럼 그와 같은 도형은 더 클 수도 더 작을 수도 있지
않겠니?[143]

노예 물론입니다.

소크라테스 그럼 이 변(AB) 자체가 2피트이고 이 변(AD)이 2피트
라면, 전체는 몇 제곱피트[144]이지? 이렇게 생각해 봐. 그게 이쪽
(AB)으로는 2피트인데 저쪽(AE)으로는 단지 1피트일 뿐이라면,
그 도형의 면적은 다름 아닌 2의 한 배 제곱피트[145]이지 않을까?

노예 그렇습니다.   d

소크라테스 그런데 이쪽(AD)으로도 2피트이니까, 다름 아닌 2의 두 배가 되겠지?

노예 그렇게 됩니다.

소크라테스 그러니까 2의 두 배 제곱피트가 되는 것이지?

노예 예.

소크라테스 그렇다면 2의 두 배 제곱피트는 얼마지?[146] 계산해 보고서 말해 보거라.

노예 4입니다, 소크라테스.

소크라테스 그러면 이 도형의 면적의 두 배이면서 이 도형처럼 네 선분의 길이가 모두 같은 그와 같은 다른 도형[147]이 생길 수 있지 않겠니?

노예 생길 수 있습니다.

소크라테스 그러면 그것은 몇 제곱피트일까?

노예 8입니다.

소크라테스 그럼 좋아. 저것[148]의 각 선분의 길이가 얼마일지[149] e 내게 말해 보도록 해라. 말하자면, 여기 이 도형(ABCD)의 선분(AB)은 2피트인데, 저 두 배 되는 도형의 선분은 뭐지?[150]

노예 당연히 두 배죠, 소크라테스.

소크라테스 메논, 자넨 보고 있지? 내가 이 아이에게 아무것도 가르치지 않고, 모든 것을 묻기만 한다는 걸 말일세. 그리고 지금 이 아이는 8제곱피트 면적의 도형을 생기게 할 선분이 어떤 것인지를 안다고 생각하네. 자네에겐 그렇게 보이지 않는가?

메논 그렇게 보입니다.

소크라테스 그렇다면 그가 아는가?

메논 결코 그렇지 않습니다.

소크라테스 그런데 어쨌든 그는 두 배의 선분으로부터 생길 거로[151]
생각하고 있지?

메논 예.

소크라테스 그러니 상기해야 할 순서에 따라 그가 상기하는 것을
주시하게. 그런데 이제 네가 나에게 말해 보거라. 넌 두 배의 선
분으로부터 두 배 면적의 도형이 생긴다고 말하는 거지? 내가 말
하는 도형은 이런 거야. 한 쪽(AJ : 도형 2 참고)이 길면서 다른 쪽
(AD)이 짧아서는 안 되고, 바로 이것(ABCD)처럼 모든 쪽이 길이
가 같으면서 면적이 이것의 두 배, 즉 8제곱피트여야만 하는 도
형 말이야. 하지만 네게 아직도 그런 도형이 두 배의 선분으로부
터 생길 것으로 보이는지 보거라.

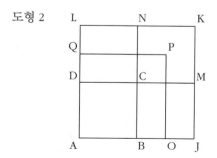

도형 2

노예 적어도 제겐 그렇게 보입니다.

소크라테스 그럼 여기(B)서부터 그만큼 긴[152] 다른 것(BJ)을 덧붙여 놓으면, 그 선분(AJ)은 이것(AB)의 두 배가 되는 거지?

노예 되죠.

소크라테스 그래서 네 말은 이 선분(AJ)으로부터 8제곱피트의 도형[153]이 생긴다는 거지? 그런 네 개의 선분이 생긴다면 말이야.

노예 예.

소크라테스 그럼 그것(AJ)에서 시작하여 네 개의 길이가 같은 선분들(AJ, JK, KL, LA)을 그려 보도록 하자. 바로 이것(AJKL)이 네가 8제곱피트의 도형이라고 말하는 것일 테지?

노예 물론입니다.

소크라테스 그럼 그 안에는 이 네 개의 도형들이 있고, 이것들 각각(BJMC, CMKN, DCNL)은 4제곱피트의 도형(ABCD)과 면적이 같지?[154]

노예 같습니다.

소크라테스 그러면 그건 얼마나 되지? 그 네 배가 되지 않겠니?

노예 왜 아니겠습니까?

소크라테스 그렇다면 네 배 큰 것이 두 배라는 거야?

노예 제우스께 맹세코, 아닙니다.

소크라테스 그게 아니라면, 몇 배이지?

노예 네 배입니다.

b

54

소크라테스 결국, 얘야, 두 배의 선분으로부터 두 배가 아닌 네   c
배 면적의 도형이 생기는 거야.

노예 옳은 말씀이십니다.

소크라테스 4의 네 배는 16이니까. 그렇지 않니?

노예 그렇습니다.

소크라테스 그런데 8제곱피트의 도형은 어떤 선분으로부터 생기
지? 이것(AJ)으로부터는 네 배 되는 도형(AJKL)이 생기는 거지?

노예 전 그렇게 말합니다.

소크라테스 그런데 이것의[155] 반(AB)으로부터는 4제곱피트의 이
도형(ABCD)이 생기지?

노예 예.

소크라테스 좋아. 그런데 8제곱피트의 도형은 여기 이것(ABCD)
의 두 배이지만, 저것(AJKL)의 반이지?

노예 예.[156]

소크라테스 그것은 이만큼 긴 선분(AB)보다는 더 길지만 이만큼
긴 선분(AJ)보다는 더 짧은 것으로부터 생기지 않겠니? 그렇지   d
않아?

노예 적어도 전 그렇게 생각합니다.

소크라테스 훌륭해. 넌 네가 생각하는 것만을 대답해야 한다. 그
럼 내게 말해 보거라. 여기 이 선분은 2피트였고, 이것은 4피트
였지 않니?

노예 예.

소크라테스 따라서 8제곱피트 도형의 선분은 2피트 길이의 이 선분보다는 더 길지만 4피트의 선분보다는 더 짧아야만 하지 않겠니?

노예 그래야만 하죠.

e 소크라테스 그럼 그 길이가 얼마라고[157] 네가 주장하는지 말해 보거라.

노예 3피트입니다.

소크라테스 그게 정말 3피트라면, 우리가 이것(AB)의 반을 더해 볼 경우 3피트(AO)가 되겠지? 왜냐하면 여기 이것(AB)은 2피트이고 저것(BO)은 1피트니까. 또한 여기서부터도(AL) 마찬가지로 이것(AD)이 2피트고 저것(DQ)이 1피트지. 그리고 이것이 네가 말하는 도형(AOPQ)이야.

노예 예.

소크라테스 그럼 이쪽(AO)이 3피트이고 저쪽(AQ)이 3피트라면, 전체 면적은 3의 세 배 제곱피트가 되지 않겠니?

노예 그렇게 보입니다.

소크라테스 그런데 3피트의 세 배는 몇 제곱피트지?

노예 9제곱피트입니다.

소크라테스 그런데 두 배가 되는 도형은 몇 제곱피트여야 할까?

노예 8제곱피트여야 합니다.

소크라테스 그러니까 3피트의 선분으로부터는 어쨌든 8제곱피트의 도형이 생기는 게 아니야.

노예 결코 생기지 않습니다.

소크라테스 그럼 어떤 선분으로부터 생기겠니? 우리에게 정확하게 말해 보렴. 그리고 그 선분의 길이를 수로 계산하고 싶지 않다면,[158] 어떤 선분으로부터인지라도 보여 줘 봐라.[159]

84a

노예 그러나, 소크라테스, 제우스께 맹세코, 저로서는 알지 못합니다.

소크라테스 메논, 자네는 다시 이 아이가 상기에 있어서 이제 어디에 와 있는지 알겠지? 말하자면, 처음에 이 아이는 8제곱피트 도형의 선분이 무엇인지를 알지 못했네. 지금도 아직 알지 못하는 것처럼 말이야. 그러나 그땐 적어도 그것을[160] 안다고 생각했고, 또 안다고 생각했기 때문에[161] 대담하게 대답했으며, 난관에 빠져 있다고 믿지도 않았네. 그러나 이제 비로소 난관에 빠져 있다고 믿고, 또 알지 못하는 것이 사실이듯이 알지 못한다고 생각하네.

b

메논 옳은 말씀입니다.

소크라테스 그러면 알지 못했던 것과 관련해 그는 지금 더 나은 상태에 있지 않은가?

메논 이 말씀 역시 제겐 옳은 것으로 보입니다.

소크라테스 그렇다면 전기가오리처럼 그를 난관에 빠뜨리고 마비되게 만들었다고 해서, 우리가 그에게 어떤 해를 입힌 것은 아니지?

메논 제게도 그렇게 보이지는 않습니다.

소크라테스 그렇다면 이 아이가 자신이 어떤 처지에 있는지를 찾아내는 데 우리가 적어도 어떤 기여는 한 것으로 보이네. 왜냐하면 알지 못하기 때문에 이제는 정말 기꺼이 탐구하려고 하겠지

c 만, 아까는 여러 사람들을 향해서뿐 아니라 여러 번 잘 말했다고 쉽게 생각했을 것이기 때문이네. 두 배 면적의 도형에 관해 그것이 길이가 두 배 되는 선분을 가져야만 한다는 것을 말이야.

메논 그런 것 같습니다.

소크라테스 그럼 자네는 이 아이가 알지 못하는데도 안다고 생각했던 것을 탐구하거나 배우려고 시도했을 거라고 생각하나? 알지 못한다고 믿고서 난관에 빠지기 전에, 그리고 알기를 갈구하기 전에[162] 말일세.

메논 제게는 그렇게 보이지 않습니다, 소크라테스.

소크라테스 결국 마비됐던 게[163] 이로웠던 거지?

메논 제게는 그렇게 보입니다.

소크라테스 그럼 이 난관으로부터[164] 그가 나와 함께 탐구하면서 무엇을 또한 발견하게 될지 살펴보게. 난 오직 질문만 하고 가르

d 치지는 않을 테니까. 그리고 어딘가에서[165] 내가 가르치고 설명하는 걸 자네가 발견하게 될지 지켜보게나. 내가 정작 이 아이의 확신들[166]은 묻지 않으면서 말이야. 자, 네가 나에게 말해 보거라. 이것이 우리가 말하는 4제곱피트의 도형(ABCD : 도형 3 참고) 아니니? 이해가 가지?

도형 3

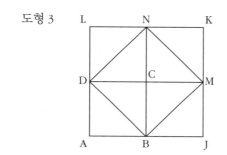

노예 예.

소크라테스 그런데 이것에다 이것과 면적이 같은 다른 것(BJMC)을 덧붙여 놓을 수 있겠지?

노예 물론입니다.

소크라테스 그리고 이것들 각각과 면적이 같은 여기 이 세 번째 것(CMKN)을 덧붙여 놓을 수 있겠지?

노예 예.

소크라테스 그렇다면 우리는 귀퉁이에 있는 여기 이것(DCNL)을 덧붙여 채울 수 있지 않겠니?

노예 물론이죠.

소크라테스 그렇다면 면적이 같은 여기 이 네 개의 도형들이 생길 수밖에 없지?

노예 예.

e

소크라테스 그럼 어떻게 될까? 여기 이 전체(AJKL)는 여기 이것

(ABCD)의 몇 배가 되지?

노예 네 배입니다.

소크라테스 그러나 우리에게는 어쨌든 두 배 되는 것이 생겨나야만 했지. 기억나지 않니?

노예 기억납니다.

소크라테스 그러면 귀퉁이에서 귀퉁이로 그어진 바로 이 선분(DB)이 이 도형들 각각을 둘로 나누지 않겠니?

85a

노예 물론입니다.

소크라테스 그러면 여기 이 도형(BMND)을 둘러싸는 길이가 같은 바로 이 네 개의 선분들(BM, MN, ND, DB)이 생기지 않겠니?

노예 당연히 생깁니다.

소크라테스 그러니까 생각해 보거라. 이 도형의 면적은 얼마지?[167]

노예 모르겠습니다.

소크라테스 이 각각의 선분은 이 네 도형들(ABCD, BJMC, CMKN, DCNL) 각각을 안에서 반으로 나누지 않았니? 그렇지 않아?

노예 그렇습니다.

소크라테스 그렇다면 그만한 크기의 것들[168]이 이것 안에 몇 개가[169] 있지?

노예 네 개 있습니다.

소크라테스 그리고 여기 이것(ABCD) 안에는 몇 개가 있지?

노예 두 개 있습니다.

소크라테스 그런데 넷은 둘에 대해 무엇이지?

노예 두 배입니다.

소크라테스 그렇다면 여기 이것(BMND)은 몇 제곱피트가 되지?　　　b

노예 8제곱피트가 됩니다.

소크라테스 어떤 선분으로부터 되는 것이지?

노예 이 선분으로부터입니다.

소크라테스 4제곱피트 도형의 귀퉁이에서 귀퉁이로 뻗은 선분으로부터 말이지?

노예 예.

소크라테스 그런데 이 선분을 대각선이라고 지자들[170]은 부르지. 그래서 이것에 대각선이라는 이름이 붙여진다면, 메논의 아이야, 네가 말하듯이 이 대각선으로부터 두 배의 도형이 생길 거야.

노예 물론입니다, 소크라테스.

소크라테스 자넨 어떻게 생각하나, 메논? 이 아이가 대답할 때 아이 자신의 것이 아닌 확신이 하나라도 있나?

메논 없습니다. 아이 자신의 확신입니다.　　　c

소크라테스 그런데도 그는 어쨌든 알지 못했네. 조금 전에 우리가 말했던 것처럼 말이야.[171]

메논 옳은 말씀이십니다.

소크라테스 그러나 이 확신들 자체가 어쨌든 이 아이 속에 있었네. 그렇지 않은가?

메논 그렇습니다.

소크라테스 따라서 알지 못하는 것에 대해 알지 못하는 사람 속에는 그가 알지 못하는 것들에 대한 참인 확신들이 있는 거지?

메논 그렇게 보입니다.

소크라테스 그리고 지금도 어쨌든 그 아이 속에서, 마치 꿈꾸듯이, 이 확신들 자체가 막 불러일으켜졌던 것이네. 그리고 누가 바로 이것들을 여러 번, 그것도 여러 방식으로 묻는다면, 마침내

d   그는 이것들에 대해 어느 누구 못지않게 정확히 인식할 수 있을 거라는 걸 자넨 아네.

메논 그런 것 같습니다.

소크라테스 그렇다면 아무도 가르치지 않고 단지 질문할 뿐인데, 그 스스로 자신으로부터 인식을 되찾음으로써 인식할 수 있지 않겠나?

메논 있습니다.

소크라테스 그런데 그가 자신 속에서 인식을 되찾는 것이 상기하는 게 아니겠나?

메논 물론이죠.

소크라테스 그렇다면 이 아이가 지금 가지고 있는 인식은 그가 언젠가 획득했던 것이거나, 아니면 언제나 가지고 있던 것이 아니겠나?

메논 그렇습니다.

소크라테스 그래서 언제나 가지고 있었다면, 그는 또한 언제나 알았을 걸세. 하지만 언젠가 획득했다면, 그는 적어도 이승에서 획득하지는 않았을 걸세. 아니면 이 아이에게 누가 기하학 하는 걸 가르친 적이 있나? 왜냐하면 이 아이는 모든 기하학[172]에 대해서 이와 똑같이[173] 해낼 것이기 때문일세. 그리고 다른 모든 학문들[174]에 대해서도. 그렇다면 이 아이에게 이 모든 것을 가르쳤던 사람이 한 사람이라도 있는가? 왜냐하면 자넨 아마도 이에 대해 당연히 알 테니까. 무엇보다도 이 아이가 자네 집에서 태어났고 양육되었으니 말이야.

메논 적어도 제가 아는 바로는 누구도 이 아이를 가르친 적이 없습니다.

소크라테스 그런데도 이런 확신들을 가지고 있지? 그렇지 않은가?

메논 틀림없이 가지고 있는 것으로 보입니다, 소크라테스.

소크라테스 그런데 이승에서 획득하여 가지고 있는 게 아니라면, 다른 어떤 때에 가지고 있었고 배웠었다는 것이 이제 분명하지 않은가?

메논 그렇게 보입니다.

소크라테스 그렇다면 적어도 이때는 그가 인간이 아니었을 때가 아닌가?

메논 그렇습니다.

소크라테스 그럼 그 아이가 인간인 동안뿐 아니라 인간이 아닌 동안에도 그 아이 속에 참인 확신들이 있게 될 거라면 — 질문을 통해 일깨워졌을 때 비로소 인식들이 되는 그런 확신들이 말이야 — 그의 영혼은 언제나 이미 배운 상태로 있게 되겠지? 왜냐하면 분명히 모든 시간에 걸쳐 그는 인간이거나 인간이 아니거나 둘 중 하나일 테니까.

메논 그렇게 보입니다.

b 소크라테스 그럼 있는 것들[175]에 관한 참이 언제나 우리의 영혼 속에 있다면, 영혼은 불멸할 테고, 그러니까 자넨 용기를 내어 자네가 지금 인식하고 있지 않은 것을 — 즉, 자네가 기억하고 있지 않은 것을 — 탐구하고 상기하도록 노력해야만 하지 않겠나?

메논 제겐 당신께서 잘 말씀하신 것으로 보이지만, 소크라테스, 저는 어떻게 그런지는 모르겠습니다.[176]

소크라테스 사실 나에게도 내가 잘 말한 것으로 보이니까, 메논. 그리고 어쨌든 다른 것들까지 그 논변을 위해 옹호하고 싶은 마음은 물론 전혀 없네.[177] 하지만 우리가 인식하고 있지 않은 것들을 발견할 수도 없고 탐구할 필요도 없다고 생각할 때보다도 알지 못하는 것을[178] 탐구해야만 한다고 우리가 생각할 때 우리는

c 더 나아지고 더 남자다워지며 덜 게을러질 거라는 사실, 바로 이것을 위해 난 기필코, 내가 할 수 있다면, 말들뿐 아니라 행동으

로도 싸우려는 것이네.

메논 어쨌든 이 점 역시 잘 말씀하신 것으로 제겐 보입니다, 소크라테스.

소크라테스 그렇다면 누군가가 알지 못하는 것에 대해 탐구해야만 한다는 데 우리가 합의하고 있으니까, 탁월함이 도대체 무엇인지를 우리가 함께 탐구해 보길 자넨 원하겠지?

메논 물론입니다. 그렇지만, 소크라테스, 제가 처음에 물었던 바로 그것에 대해 살펴보고 또 듣는다면 정말 기쁠 것 같습니다. 탁월함을 가르쳐질 수 있는 것으로 다루어야만 할지, 아니면 사람들에게 본성적으로 생기는 것으로, 아니면 도대체 어떤 방식 d 으로 생기는 것으로 다루어야만 할지 말입니다.

소크라테스 그러나 내가 나 자신뿐 아니라 자네까지도 지배한다면, 메논, 우린 탁월함 자체가 무엇인지를 맨 먼저 탐구하기 전에 탁월함이 가르쳐질 수 있는 것인지 가르쳐질 수 없는 것인지를 먼저 고찰하지는 않을 걸세. 그런데 자넨 자네 자유를 누리려고, 자기 자신은 지배하려 들지 않으면서 나는 지배하려고 하고 또 실제로 지배하고 있으니, 내 자네 뜻에 따를 걸세. 사실 내 e 가 뭘 해야만 하겠는가? 그러니까 우리가 아직 무엇인지를 알지 못하는 것에 대해 그것이 어떤 것인지를 살펴봐야만 할 것 같네. 다른 것은 안 되더라도 어쨌든 나에 대한 자네의 지배만큼은 조금이라도 풀어 주고, 그것이 가르쳐질 수 있는 것인지, 아니

면 달리 어떻게 그것이 생기는지를 가설로부터 숙고하도록 허락
해 주게. 그런데 난 '가설로부터'라는 것을 이렇게 이해하네. 기
하학자들이 자주 고찰하는 것과 같이, 누가 그들에게 가령 어떤
도형[179]에 대해, 여기 이 도형이 여기 이 원에 삼각형으로서 내접
되는 게 가능한가라고 묻는다면, 어떤 사람은 이렇게 대답할 걸
세. "난 이 도형이 그런지는[180] 아직 알지 못하지만, 그 문제에 도
움이 될 만한 어떤 가설 같은 것은 가지고 있소. 그건 이와 같은
것이오. 만약 이 도형이[181] 이것을 그것의 주어진 선분[182]에 접해
놓을 경우, 접해 놓인 이것 자체와 같은[183] 도형만큼 미치지 못하
는[184] 그와 같은 것이라면, 어떤 것이 따라 나올 것이고, 만약 이
것들을 겪는 게 불가능하다면,[185] 다시 다른 어떤 것이 따라 나올
거로 내겐 보이오. 그렇기에 난 가설을 세우고 나서 그것을 원에
내접시키는 것과 관련해, 그것이 불가능한지 불가능하지 않은
지, 그 결과를 당신에게 말하고자 하오." 그런 식으로 또한 탁월
함에 관해서도, 우리는 그것이 무엇인지도 그것이 어떤 것인지
도 알지 못하기 때문에, 가설을 세우고 나서 우리 함께 이것을,
즉 그것이 가르쳐질 수 있는 것인지 가르쳐질 수 없는 것인지를
살펴보도록 하세. 이렇게 말하면서 말이지. 탁월함이 영혼과 관
련된 것들 중에서 어떤 것이라야 탁월함은 가르쳐질 수 있는 것
이거나 가르쳐질 수 없는 것이겠는가? 그럼 첫째로, 탁월함이
인식과 다른 종류의 것이거나 인식과 같은 종류의 것이라면, 그

87a

b

66

것은 가르쳐질 수 있는 것인가 없는 것인가? 또는 방금 우리가 말했듯이, 그것은 상기될 수 있는 것인가? 그런데 두 단어 중 어 ㅤㅤc 느 것을 사용하든 우리에겐 아무 차이도 없다고 하세. 그것은 가르쳐질 수 있는 것인가? 아니면 최소한 이것만큼은 누구에게나 분명한가? 인식 외에 다른 어떤 것도 사람에게 가르쳐질 수 없다는 사실 말일세.

메논 적어도 제게는 그렇게 보입니다.

소크라테스 그런데 탁월함이 인식의 일종이라면, 분명히 그것은 가르쳐질 수 있는 것일 테지.

메논 어찌 그렇지 않겠습니까?

소크라테스 그래서 우리는 이 문제에서 빨리 벗어났네. 탁월함이 이런 것이라면 가르쳐질 수 있는 것이지만, 탁월함이 저런 것이라면 가르쳐질 수 있는 게 아니라는 것에서 말일세.

메논 물론입니다.

소크라테스 그러면 그 다음 것을 고찰해야만 할 것 같네. 탁월함이 인식인지, 아니면 인식과는 다른 종류의 것인지 말일세.

메논 적어도 제게는 그것이 그다음으로 고찰돼야만 할 것으로 보 ㅤㅤd 입니다.

소크라테스 그런데 어떤가? 우린 그것이 뛰어난 것[186]이라고 주장하지 않는가? 탁월함 말이야. 그리고 그것이 뛰어난 것이라는 이 가설 자체는 우리에게 확고하지?[187]

메논 물론이죠.

소크라테스 그럼 뛰어난 것이면서 인식과는 분리된 다른 어떤 것이 있다면, 탁월함은 아마도 인식의 일종이 아닐 수 있겠지만, 어떤 뛰어난 것도 인식에 포함되지 않은 것이 없다면, 탁월함이 인식의 일종일 거라고 추측할 때, 우리는 올바르게 추측하는 것일 테지.

메논 맞습니다.

e 소크라테스 그리고 분명히 우리는 탁월함에 의해 뛰어난 사람들이네.

메논 그렇습니다.

소크라테스 그런데 우리가 뛰어난 사람들이라면, 우리는 유익한 사람들이네. 뛰어난 것은 모두 유익하니까. 그렇지 않나?

메논 그렇습니다.

소크라테스 그리고 탁월함은 확실히 유익한 것이지?

메논 동의된 것들에 의하면 필연적입니다.

소크라테스 그러면 우리에게 유익한 것들이 어떤 것들인지를 하나씩 들어 살펴보도록 하세. 건강과 힘과 아름다움, 그리고 물론 부도 말이야. 이것들과 이런 유의 것들을 우리는 유익한 것들로 말하네. 그렇지 않은가?

88a 메논 그렇습니다.

소크라테스 그런데 우리는 바로 이것들이 때로는 유해하기도 하다고 말하네. 아니면 자네는 이와는 다르게 말하는가?

메논 아닙니다. 그렇게 말합니다.

소크라테스 그러면 살펴보게. 무엇이 이것들 각각을 인도할 때 우리에게 유익하고, 무엇이 인도할 때 유해한가? 올바른 사용이 인도할 때는 유익하지만, 그렇지 않을 때는 유해한 것이 아닌가?

메논 물론이죠.

소크라테스 그럼 이제 그것들 말고 영혼과 관련된 것들도 살펴보기로 하세. 자네는 절제를 어떤 것으로 부르지? 정의와 용기와 뛰어난 학습 능력과 기억력과 대범함과 그와 같은 모든 것들도 말이야.

b

메논 적어도 저는요.

소크라테스 그럼 살펴보게. 이것들 중에서 자네에게 인식이 아니라 인식과 다른 것으로 보이는 것들은 때로는 유해하고 때로는 유익한 것이 아닌지 말일세. 이를테면, 용기의 경우를 보세. 그것이 앎[188]이 아니라 일종의 대담함과 같은 것이라면, 사람이 지성 없이 대담할 때는 자신에게 유해하지만, 지성을 가지고 대담할 때는 자신에게 유익한 게 아니겠나?

메논 그렇습니다.

소크라테스 그러면 절제나 뛰어난 학습 능력도 마찬가지가 아닌가? 지성과 더불어 배우거나 연마할 때는 이것들이 유익하지만,

지성 없이 배우고 연마할 때는 유해하지?

c 메논 당연히 그렇죠.

소크라테스 그러면, 요컨대, 앎이 인도할 때는 영혼의 모든 시도들과 인내들이 결국 행복에 이르지만, 무지가 인도할 때는 결국 그 반대에 이르는 게 아니겠나?

메논 그렇게 보입니다.

소크라테스 그러므로 탁월함이 영혼 속에 있는 것들 가운데 하나이고 필연적으로 유익하다면, 그것은 앎이어야만 하네. 왜냐하면 영혼에 관련된 모든 것들은 그 자체가 그 자체에 있어서[189] 유익하지도 유해하지도 않지만, 앎이 더해지느냐 무지가 더해지느냐에 따라 유익하게도 유해하게도 되기 때문이지. 그러니까 이 논의에 따르면, 어쨌든 탁월함은 유익한 것이기 때문에 앎의 일종이어야만 하는 것이네.

메논 적어도 제게는 그렇게 보입니다.

소크라테스 게다가 또한 부나 그와 같은 것들의 경우처럼 방금 우리가 때로는 유익하지만 때로는 유해하다고 말한 것들의 경우에도 앎이 다른 영혼[190]을 인도할 때는 영혼의 일들을 유익하게 만들지만 무지가 인도할 때는 유해하게 만들듯이, 그렇게 이번에도 영혼이 이것들을 올바르게 사용하고 인도할 때는 그것들을 유익하게 만들고 올바르지 않게 사용하고 인도할 때는 유해하게 만드는 것이 아니겠나?

메논 당연하죠.

소크라테스 그런데 앎을 가진 영혼은 올바르게 인도하지만, 앎이 없는 영혼은 잘못 인도하지?

메논 맞습니다.

소크라테스 그렇다면 모든 경우에 결국 이렇게 말할 수 있겠네. 사람에게는 영혼에 다른 모든 것들이 의존하지만, 영혼 자체의 일들은, 만약 뛰어난 일들이 되려면, 앎에 의존한다고 말일세. 89a 그리고 이 논의에 의하면 유익한 것은 앎일 걸세. 그리고 우리는 탁월함이 유익하다고 주장하고 있지?

메논 물론이죠.

소크라테스 그러므로 우리는 탁월함이 앎이라고 주장하는 것이 지? 전체든 일부든[191] 말일세.

메논 이 논의들은 훌륭하게 이루어진 것으로 제겐 보입니다, 소크라테스.

소크라테스 사실이 이렇다면, 뛰어난 사람들이 본성적으로 뛰어난 건[192] 아닐 걸세.

메논 제 생각도 그렇습니다.

소크라테스 그게 사실이라면, 아마 이런 일도 벌어질 테니까. 뛰 b 어난 사람들이 본성적으로 뛰어나게[193] 되는 거라면, 젊은이들 중에서 본성들이[194] 뛰어난 자들을 알아보는 사람들이 아마도 우리에게 있을 테고, 이들이 그 젊은이들을 알려 준다면, 우리는 그들을 넘겨받아 금보다도 훨씬 더 소중히 밀봉한 뒤 아크로폴리스[195]에 보호하고 있을 테지. 아무도 그들을 타락시키지 못하게 하여 그들이 성년에 이르렀을 때 나라에 유용하도록 말이야.

메논 정말로 그럴 것 같습니다, 소크라테스.

소크라테스 그렇다면 뛰어난 사람들이 본성적으로 뛰어나게 되는

c 건 아니기 때문에, 배움에 의해 그렇게 되는 것인가?

메논 그것이 이제는 필연적인 것으로 제겐 보입니다. 그리고 분명히, 소크라테스, 가설에 따라, 만약 탁월함이 인식이라면, 탁월함은 가르쳐질 수 있는 것입니다.

소크라테스 제우스께 맹세코, 아마도 그러겠지. 하지만 혹시 우리가 이것[196]에 훌륭하게 동의하지 못한 건 아닐까?

메논 그래도 방금 전까지는 훌륭하게 말한 것으로 보였습니다.

소크라테스 그러나 거기에 어떤 건전한 것이 있으려면, 그것이 방금 전까지만 훌륭하게 말한 것으로 보여서는 안 되고, 지금도 그리고 나중에도 그렇게 보여야만 하네.

d 메논 그래서 어쨌다는 거죠? 뭘 염두에 두고 계시기에 그것을 못마땅해하시고 탁월함이 인식이 아니지 않을까 의심하시는 겁니까?

소크라테스 내 자네에게 말해 줄 것이네, 메논. 나는 탁월함이 정말 인식이라면 그것은 가르쳐질 수 있는 것이라는 주장을 잘못[197] 말한 게 아닐까 해서 철회하지는 않네. 하지만 탁월함이 인

식이라는 이 주장을 내가 정당하게 의심하는 것으로 자네에게
보이는지 살펴보게. 바로 이것을 내게 말해 보게. 탁월함뿐 아니
라 어떤 것이든 그것이 가르쳐질 수 있는 것이라면, 필연적으로
그것의 교사들이나 학생들이 있지 않겠나?

메논 적어도 제게는 그렇게 보입니다.

소크라테스 그러면 이번에는 그 반대로, 그것의 교사들도 학생들   e
도 없다면, 그것이 가르쳐질 수 있는 것이 아니라고 우리가 추정
할 경우 우리는 훌륭하게 추정하는 게 아닐까?

메논 맞습니다. 그러나 당신께는 탁월함의 교사들이 없다고 생각
되십니까?

소크라테스 그야 누군가 탁월함의 교사들이 있을까 여러 번 찾았
지. 그러나 온갖 노력을 기울였지만 난 발견할 수 없었네. 그것
도 어쨌든 많은 사람들과 함께 찾았고, 특히 내가 그 일에 가장
경험이 많다고 생각한 사람들과 함께 찾았는데도 말일세. 그리
고 또한 지금은, 메논, 때마침 우리 곁에 여기 이 아뉘토스[198]가
앉아 있네. 이 사람을 탐구[199]에 참여시키세. 그런데 우리가 그를
참여시키는 건 당연한 일 같네. 여기 이 아뉘토스는 무엇보다도   90a
부유하고 지혜로운 아버지인 안테미온[200]의 아들이기 때문이네.
그의 아버지는 저절로 부자가 됐던 것도 아니고, 바로 최근에 폴
뤼크라테스의 돈을 받아 챙긴 테베 사람인 이스메니아스[201]처럼
누군가가 돈을 줘서 부자가 됐던 것도 아니며, 그 자신의 지혜와

노력을 통해 부를 얻었고, 더욱이 다른 점과 관련해서도 오만하
b 고 거만하며 무례한 시민이 아니라 행실이 바르고 예의 바른 사
람이라는 평판을 얻었네. 게다가 아테네인들 가운데 대다수가
평하는 것처럼, 그는 이 사람을 잘 양육했고 교육시켰네. 하여튼
그들은 이 사람을 최고 관직에 선출했네.[202] 그러니까 그와 같은
사람들과 함께 탁월함에 관한 교사들이 있는지 없는지, 그리고
그들이 누구인지를 탐구하는 게 합당하네. 그러면 아뉘토스, 자
네는 우리와 함께, 나뿐 아니라 자네 자신의 손님인 여기 이 메
논[203]과 함께, 이 문제에 관한 교사들이 누구인지를 찾아보게. 그
런데 이런 식으로 살펴보게. 우리가 여기 이 메논이 뛰어난 의사
c 가 되길 원한다면, 어떤 교사들에게 그를 보내야 할까? 의사들
에게 보내야 하지 않을까?

아뉘토스 물론이죠.

소크라테스 그리고 어떤가? 뛰어난 제화공[204]이 되길 원한다면,
제화공들에게 보내야 하지 않을까?

아뉘토스 예.

소크라테스 다른 경우들도 그렇겠지?

아뉘토스 물론입니다.

소크라테스 그러니 내게 다시 한 번 같은 것들에 관해 말해 보게.
여기 이 사람이 의사가 되길 원할 경우, 그를 의사들에게 보낼
d 때 훌륭하게 보낸 거라고 우리는 주장하네. 우리가 이것을 말할

때, 바로 이 점을 우리는 말하는 것이지? 그 기술을 가졌다고 내세우지 않는 사람들보다는 그 기술을 가졌다고 내세우는 사람들에게, 그리고 가서 배우길 원하는 모든 이의 교사로서 자기 자신을 밝히면서 그 일 자체에 대해 보수를 받아 내는 사람들에게 그를 보낼 때, 우리가 현명할 거라는 것 말이야. 우리가 이 점들을 고려하고 그를 보낸 건 잘한 일이 아니겠나?

아뉘토스 그렇습니다.

소크라테스 그러면 아울로스[205] 연주나 다른 것들에 대해서도 똑같지 않겠나? 누군가를 아울로스 연주자로 만들길 원하는 사람들이 그 기술을 가르칠 수 있다고 공언하고 그에 대해 보수를 받아 내는 사람들에게 그를 보내고자 하지 않고, 교사라고 자처하지 않을 뿐 아니라 우리가 보내는 자가 배워야 한다고 우리가 생각하는 이 주제에 관해 학생을 아무도 거느리고 있지 않은 다른 사람들에게 수고를 끼치는 것은[206] 실로 정신 나간 짓이네. 자네는 그러는 게 매우 불합리한 짓이라고 생각하지 않는가?

아뉘토스 예, 적어도 전, 제우스께 맹세코, 그렇게 생각하고, 심지어 무식한 짓이라고까지 생각합니다.

소크라테스 훌륭한 말이네. 자, 그럼 이제 자넨 여기 이 손님인 메논에 관해 나와 더불어 상의할 수 있네. 왜냐하면 이 사람은, 아뉘토스, 이러한 지혜와 탁월함을 욕구한다고 예전부터 내게 말해 왔기 때문이네. 사람들로 하여금 가정도 나라도 훌륭하게

e

91a

관리하게 하고, 그들 자신의 부모를 보살피게 하며, 뛰어난 사람이라면 당연히 해야 하는 방식으로 자국인들과 외국인들을 환대할 줄도 배웅할 줄도 알게 하는 지혜와 탁월함 말일세. 그러면

b 이러한 탁월함과 관련하여 누구에게 보낼 때 우리가 그를 올바르게 보낸 것이겠는지 살펴보게. 아니면, 방금 전의 논의에 따라서, 탁월함의 교사들임을 공언하고 그리스 사람들 가운데 배우길 원하는 사람이면 누구에게나 열려 있는 사람들[207]이라고 그들 자신을 밝히며 이에 대한 보수를 정하기도 받아 내기도 하는 이런 사람들에게 보내는 게 정말 분명히 올바르게 보내는 것인가?

아뉘토스 아니, 이 사람들이 누구라고 말씀하시는 겁니까, 소크라테스?

소크라테스 사람들이 소피스트들[208]로 부르는 자들이 이들이라는 걸 틀림없이 자네도 알 걸세.

c 아뉘토스 맙소사, 말을 가려 하세요, 소크라테스. 적어도 제 친척들과 친구들 가운데 어느 누구도, 그가 내국인이건 외국인이건 간에, 그와 같은 광기에 사로잡힌 나머지 이 사람들한테 가서 파멸되는 일은 없길 바랍니다. 왜냐하면 이자들은 그들과 교제하는 사람들에게는 명백히 파멸이자 타락이니까요.

소크라테스 무슨 말을 하는 건가, 아뉘토스? 그러면 뭔가 좋은 일을 할 줄 안다고 내세우는 사람들 가운데 유일하게 이자들만이 다른 사람들과 그다지도 달라서, 어느 누가 그들에게 무슨 일을

맡기든 다른 사람들처럼 이익을 가져다주지도 못할 뿐 아니라
반대로 그 일을 망치기도 하는가? 그러고도 그들은 이것들에 대 d
해 공개적으로 돈을 받아 내는 것이 당연하다고 생각하는가? 난
오히려 자넬 믿을 수가 없네. 왜냐하면 나는 프로타고라스[209]라
는 한 분을 아는데, 그분은 이런 지혜로 인해 그토록 더없이 아
름다운 작품들을 만든 페이디아스[210]뿐 아니라 다른 열 명의 조
각가들보다도 더 많은 돈을 벌었으니까 말일세. 낡은 신발을 고
치고 옷을 수선하는 사람들이 옷과 신발을 받았을 때보다 더 나 e
쁜 상태로 되돌려 주고도 삼십 일 동안이나 들키지 않을 수는 없
을 것이네. 아니 그와 같은 일들을 했다면, 그들은 당장에 굶어
죽었을 거야. 그러나 교제했던 사람들을 타락시키고 그들을 받아
들일 때보다 더 나쁜 상태로 떠나보내고도 프로타고라스는 사십
년 넘게 그리스 전역에서 들키지 않았고 — 왜냐하면 난 그가 그
기술에 사십 년 동안 종사하다가 거의 일흔이 되었을 때 죽었다
고 생각하니 말일세 — 오늘 이날에 이르기까지 이 모든 시간 동
안 그에 대한 좋은 평판은 결코 그친 적이 없다면, 정말 자네는
이해할 수 없는 말을 하고 있는 것이네. 사실 프로타고라스뿐 아 92a
니라 그보다 먼저 태어났거나 지금도 아직 살아 있는 수많은 다
른 사람들도 그러하다네. 그럼 우리는 자네 말에 따라 그들이 젊
은이들을 기만하고 파멸시킬 때 알고서 그런다고 주장해야 할까,
아니면 그들 자신조차 알아채지 못했다고 주장해야 할까? 그리

고 우리는 이자들이 정말 미쳤다고 생각해야 할까? 어떤 이들은 그들이 사람들 중에서 가장 지혜롭다고 주장하는데 말이야.

아뉘토스 그들이 미친 게 결코 아닙니다, 소크라테스. 오히려 이
b 자들에게 돈을 주는 젊은이들이 더욱더, 그리고 이들보다도 이들을 용인한 친척들이 훨씬 더. 그러나 무엇보다도 그들이 발을 들여놓도록 허용하면서 외국인이든 내국인이든 그와 같은 어떤 짓을 하고자 하는 사람을 추방하지 않는 나라들이 가장 미친 겁니다.

소크라테스 그런데, 아뉘토스, 소피스트들 가운데 누가 자네에게 나쁜 짓을 한 적이 있나? 아니면 자네는 왜 그들에게 그렇게 가혹한가?

아뉘토스 제우스께 맹세코, 적어도 전 그들 가운데 어느 누구와 교제한 적도 결코 없고, 저와 관계된 다른 어느 누가 그렇게 하는 것을 허락하지도 않을 겁니다.

소크라테스 그러니까 자넨 그자들에 대해 경험이 전혀 없단 말이지?

아뉘토스 그럴 뿐 아니라 또한 그러는 게 제 소원입니다.

c 소크라테스 그렇다면, 신령한[211] 사람아, 자네가 이 일에 대해 경험이 전혀 없다면, 어떻게 자네는 그 일 자체가 좋은지 나쁜지를 알 수 있겠는가?

아뉘토스 그야 쉽지요. 저는 어쨌든 이자들이 누군지를 압니다.

제가 그들에 대해 경험이 있든 없든 간에 말입니다.

소크라테스 아마 자넨 예언자인가 보군, 아뉘토스. 자네 자신이 말하는 것들을 보면, 달리 어떻게 자네가 이자들에 관해 아는 건지 놀라우니까. 그러나 하여간 우리는 이자들이 누군지를 찾고 있는 게 아니네. 메논이 가면 그를 나쁘게 만들 자들 말이야. 이 d 자들은, 자네가 원한다면, 소피스트들이라고 하세. 오히려 메논이 그처럼 커다란 나라에서 방금 내가 언급했던[212] 탁월함과 관련하여 인구에 회자될 만한 사람이 되려면 어떤 사람들한테 가면 될지, 그자들을 우리에게 말해 보게. 그리고 이것을 말해 줌으로써 선대부터 손님이었던 여기 이 친구에게 선행을 베풀게.

아뉘토스 그런데 왜 당신께서 그에게 직접 말씀해 주시지 않습니까?

소크라테스 아니, 난 내가 이 일들에 대한 교사들이라고 생각했던 자들을 말했네. 하지만 자네 주장대로 내 말은 헛소리고, 자넨 아마 뭔가 의미 있는 것을 말하겠지. 그러니까 이번에는 자네 e 가 아테네인들 가운데 누구한테 가야 할지 그에게 말해 주게. 자네가 원하는 사람이 누구든 그 사람의 이름을 대 보게.

아뉘토스 그런데 왜 꼭 어떤 한 사람의 이름을 대야만 합니까? 왜냐하면 그가 훌륭하고 뛰어난[213] 아테네인들 가운데 누구를 만나든지 간에, 소피스트들보다 그를 더 낫게 만들지 못할 사람은 아무도 없으니까요. 그가 정말로 이 사람을 따르길 원한다면 말입니다.

소크라테스 그런데 이 훌륭하고 뛰어난 사람들이 저절로 그렇게 되었는가? 어느 누구에게서도 배우지 않았지만 그럼에도 불구하고 그들 자신이 배우지 않았던 것들을 다른 사람들에게 가르칠 수는 있게끔 말이야.

93a 아뉘토스 제 생각으로는 이들 역시 훌륭하고 뛰어났던 선조들로부터 배웠습니다. 아니면 당신께선 많은 뛰어난 사람들이 여기 이 도시에 있었다고 생각하지 않으십니까?

소크라테스 적어도 난, 아뉘토스, 정치적인 일들에 뛰어난 사람들이 여기에 있다고도 생각하고, 지금 있는 것 못지않게 이미 있었다고도 생각하네. 하지만 그들은 그들 자신의 탁월함을 가르칠 수 있는 뛰어난 교사들은 아니었지? 왜냐하면 우리가 논의하고 있는 것이 실은 이것이니 말일세. 여기에 뛰어난 사람들이 있는

b 가 없는가도, 예전에 있었는가도 아니고, 탁월함은 가르쳐질 수 있는 것인지가 우리가 오랫동안 고찰해 오고 있는 것이네. 그런데 그 점을 고찰하면서 우리는 바로 이것을 고찰하고 있는 걸세. 고금의 뛰어난 사람들이 그들 자신을 뛰어난 사람들로 만들었던 이 탁월함을 다른 사람에게 전달할 줄 알았는지, 아니면 이것은 어떤 사람이 전달할 수도 없고 다른 사람으로부터 전달받을 수도 없는 것인지 하는 것 말일세. 이것이 우리가 오랫동안 탐구해 온 것이라네. 나와 메논이 말이야. 그러면 다음과 같은 방식으로

c 자네 자신의 주장에 의거해서 고찰해 보게. 자넨 테미스토클레

스[214]가 뛰어난 사람이었다고 주장하지 않는가?

아뉘토스 물론이죠. 사실 그 누구보다도 뛰어난 분이셨죠.

소크라테스 만약 다른 어떤 사람이 그 자신의 탁월함의 교사라면, 저 사람도 또한 뛰어난 교사라고 자넨 주장하지 않겠는가?

아뉘토스 물론 그렇게 생각합니다. 그가 마음만 먹었다면 말입니다.

소크라테스 그러나 자넨 그가 다른 어떤 사람들도, 특히 아마도 그 자신의 아들이 훌륭하고 뛰어나게 되길 원치 않았을 거라고 생각하는가? 아니면 자넨 그가 그의 아들을 시기하여 그 자신을 d 뛰어난 사람으로 만들었던 탁월함을 고의로 전달하지 않는다고 생각하는가? 아니면 자넨 테미스토클레스가 그의 아들인 클레오판토스[215]를 정말 뛰어난 기수로 가르쳤다는 걸 듣지 못했나? 어쨌든 그는 말 위에 똑바로 선 채로 있곤 했고, 똑바로 선 채로 말에서 창을 던지곤 했으며, 테미스토클레스가 그에게 교육시켰고 또 그를 그 방면에서 지혜로운 사람으로 만들었던 다른 많은 놀라운 일들을 해내곤 했다네. 뛰어난 교사들에 달려 있는 이 모든 일들을 말이야. 혹시 자넨 노인들에게서 이것들을 듣지 못했나?

아뉘토스 들었습니다.

소크라테스 그러니 어느 누구도 그의 아들을 탓할 수는 없을 걸세. 적어도 본성이 나쁘다고는[216] 말일세.

아뉘토스 아마도 탓할 수 없을 겁니다. e

소크라테스 그런데 여기 이 경우는 어떤가? 테미스토클레스의 아들인 클레오판토스가 그의 아버지가 뛰어나고 지혜로운 사람으로 두각을 나타냈던 바로 그 일들과 관련해서 뛰어나고 지혜로운 사람이 되었다는 것을 자네는 젊은이든 노인이든 누군가에게서 들은 적이 있는가?

아뉘토스 결코 없습니다.

소크라테스 그럼 우리는 그런 일들과 관련해서는 그가 자신의 아들을 교육시키길 원했지만, 그 자신이 지녔던 지혜와 관련해서는 그를 결코 이웃들보다 더 뛰어나게 만들길 원하지 않았다고 생각해야 할까? 탁월함이 적어도 가르쳐질 수 있는 것이라면 말일세.

아뉘토스 제우스께 맹세코, 아마도 그렇게 생각해선 안 될 것 같습니다.

소크라테스 사실 자네에게야 그와 같은 탁월함의 교사는 자네 역시 선대 분들 가운데 가장 뛰어난 사람이었다는 데 동의하는 이 사람이었네.[217] 그런데 이제 다른 사람을 살펴보세. 뤼시마코스의 아들인 아리스테이데스[218] 말이야. 혹 자넨 이 사람이 뛰어났다는 데 동의하지 않나?

아뉘토스 저야 동의하죠. 전적으로요.

소크라테스 이 사람 역시 교사들에 달려 있는 모든 일들에 관한한 자신의 아들인 뤼시마코스[219]를 아테네인들 가운데서 가장 훌륭하게 교육시키지 않았나? 하지만 자넨 그가 자신의 아들을 어

82

느 누구보다 더 뛰어난 사람으로 만들었다고 생각하는가? 왜냐하면 자넨 아마도 이 사람과 교제도 했고, 그가 어떠한 사람인지도 알 터이니 말일세. 그런데 자네가 원한다면, 그처럼 대범한 지혜의 소유인 페리클레스[220]를 들어 보게. 자넨 그가 두 아들 b 을 키웠다는 걸 알지? 파랄로스와 크산티포스[221] 말이야.

아뉘토스 물론입니다.

소크라테스 자네도 알다시피, 그는 이들을 정말로 아테네인들 가운데 어느 누구 못지않은 기수로 가르쳤고, 음악과 체육을 비롯하여 기술에 의존하는 다른 모든 분야들에서 어느 누구 못지않도록 교육시켰네. 그런데도 그가 그들을 뛰어난 사람들로 만드는 걸 원치 않았겠나? 난 그가 원했다고 보네. 하지만 그건[222] 아마도 가르쳐질 수 있는 게 아닌 듯싶네. 그러나 아테네인들 가운데 적은 수의 사람들과 가장 비천한 사람들이 이 일[223]에 무능했다고 자네가 생각하지 않도록,[224] 자넨 투퀴디데스[225]가 멜레시아스와 c 스테파노스[226]라는 두 아들을 키웠고 그가 이들에게 다른 것들도 잘 교육시켰으며 특히 이들이 아테네인들 중에서 레슬링을 가장 훌륭하게 했다는 사실을 다시 유념하게. 왜냐하면 그는 아들 하나는 크산티아스에게, 다른 하나는 에우도로스에게 맡겼는데, 이들은 아마도 당대 사람들 가운데서는 레슬링을 가장 훌륭하게 한다고 생각되었으니 말이야. 혹시 자넨 기억하고 있지 않나?

아뉘토스 기억합니다. 그렇게 들었습니다.

d 소크라테스 그러면 분명하지 않은가? 이 사람은 가르치는 데 돈을 써야만 하는 것들은 자신의 자식들에게 가르치면서도, 뛰어난 사람으로 만드는 데 돈을 들여야 할 필요가 없는 것들은 가르치지 않았을 리가 결코 없었을 거라는 사실 말일세.[227] 이것들이 가르쳐질 수 있는 것이라면 말이야. 아니면[228] 투퀴디데스가 비천한 사람이었고, 아테네인들뿐 아니라 동맹국의 사람들 중에 친구가 많이 없었다는 것인가?[229] 실은 그는 명문가 출신이었고, 아테네에서도[230] 다른 그리스인들 가운데서도 큰 권세를 누렸네. 그래서 그는, 그것이 가르쳐질 수 있는 것이라면, 그의 아들들을 뛰어나게 만들어 줄 수 있는 사람을 그가 누구든, 자국인들 중에

e 서든 외국인들 중에서든, 찾아냈을 걸세. 그 자신이 나랏일을 보살피느라 여유가 없을 경우엔 말이야. 그러나,[231] 나의 친구 아뉘토스, 탁월함은 가르쳐질 수 있는 게 아닌 듯싶네.

아뉘토스 소크라테스, 당신께선 사람들에게 쉽게 악담하시는 것으로 제겐 보입니다. 그래서 제 말에 따를 의사가 있으시다면, 제가 당신께 충고를 드리고 싶은데요, 조심하셔야 합니다. 왜냐하면 아마 다른 나라에서도 사람들을 이롭게 하는 거보단 해롭

95a 게 하는 게 더 쉽지만,[232] 여기 이 나라에서는 너무 쉬우니까요. 그리고 저는 당신 자신도 이 점을 알고 계시리라 생각합니다.

소크라테스 메논, 내겐 아뉘토스가 언짢아하는 것으로 보이는데, 조금도 놀랍지 않네. 왜냐하면 그는 첫째로 내가 이 사람들을 욕

한다고 생각하고 있고, 다음으로 그 자신도 이들 가운데 한 사람이라고 믿고 있기 때문이네. 그러나 '악담하는 것'이 어떤 것인지를 이 사람이 언젠가 알게 된다면 언짢아하는 걸 그만두겠지만, 지금은 그걸 모르고 있네. 그런데 자네가 말해 보게. 자네들 나라에도 훌륭하고 뛰어난 사람들이 있지 않은가?

메논 물론이죠.

소크라테스 그럼 어떤가? 이 사람들은 젊은이들에게 그들 자신을 b 교사로 내세우길 바라는가? 또 자신들이 교사이고 탁월함이 가르쳐질 수 있다는 데 동의하길 바라는가?

메논 제우스께 맹세코, 아닙니다, 소크라테스. 오히려 당신께서는 어떤 때는 그들로부터 탁월함이 가르쳐질 수 있는 것이라는 말을 들을 것이고, 어떤 때는 가르쳐질 수 없는 것이라는 말을 들을 겁니다.

소크라테스 그럼 우리는 이 사람들이 이 문제의 교사라고 주장해야 할까? 그들이 바로 이것에 대해서조차도 동의하지 못하는 데 말이야.

메논 제가 생각하기에는, 아닙니다, 소크라테스.

소크라테스 그러면 어떤가? 자네는 이 소피스트들이 탁월함의 교사라고 생각하는가? 바로 이들이 탁월함의 교사라고 공언하는 유일한 사람들인데 말이야.

메논 바로 이 점 때문에, 소크라테스, 제가 고르기아스를 특히 c

존경합니다. 그분이 이것[233]을 공언하시는 걸 당신께서 결코 들으실 수 없을 것이고, 다른 사람들이 그걸 공언하는 것을 들을 때마다 그분은 그들을 비웃는다는 점 말입니다. 말하는 데 유능하게 사람들을 만들어야 한다고 그분은 생각하십니다.

소크라테스 그래서 자넨 소피스트들도 교사가 아니라고 생각하는가?

메논 어떻게 말씀드려야 할지 모르겠습니다, 소크라테스. 왜냐하면 저 자신도 대부분의 사람들이 겪었던 걸 똑같이 겪었으니까요. 때로는 그들이 교사로 생각되기도 하고, 때로는 교사로 생각되지 않기도 합니다.

소크라테스 그런데 자네나 다른 정치가들도 때로는 이것이 가르쳐질 수 있는 것이라고 생각하고 때로는 그렇지 않은 것으로 생각할 뿐 아니라 시인 테오그니스[234]도 이와 똑같은 것들을 말한다

d 는 걸 자넨 아는가?

메논 어떤 시[235]에서요?

소크라테스 비가에서 말일세. 여기서 그는 이렇게 말한다네 ―

그리고 이들 곁에서 마시고 먹을지어다, 또한 이들과 더불어

앉아서, 이들을 기쁘게 할지어다, 위대한 권능을 가진 자들을.

진실로 그대는 고귀한 자들로부터 고귀한 것들을 배울 것이니, 못난 자들과

e *뒤섞인다면, 가지고 있는 정신마저도 잃을 것이로다.*

자넨 이 비가에서 그가 탁월함이 마치 가르쳐질 수 있는 것처럼
말한다는 걸 알지?

메논 그렇게 보이기는 하네요.

소크라테스 그런데 다른 데서는 말을 약간 바꿔서 —

  그런데 만약 생각이 만들어질 수 있고, 사람 속에 주입될 수 있다면

그는 이렇게 말하네 —

           많은 큰 보수를 받을 텐데.

이것을 할 수 있는 사람들이 말일세. 그리고 말하길 —

  뛰어난 아버지에게서 못난 자식이 결코 태어난 적이 없나니,
  현명한 말들에 의해 설득되기 때문이로다. 하지만 가르쳐서   96a
  못난 사람을 뛰어나게 만들지는 결코 못하리라.

그 자신이 동일한 것에 관해 자기모순적인 말을 한다는 걸 자넨
알겠지?[236]

메논 그렇게 보입니다.

소크라테스 그럼 자넨 다른 어떤 문제에 대해서든 말할 수 있는

가? 한편으로 그 문제의 교사라고 주장하는 사람들이 다른 이들
의 교사로 인정받기는커녕 그들 자신이 그 문제를 안다고도 인정
b 받지 못하고 오히려 그들이 교사로서 가르친다고 주장하는 이 문
제 자체와 관련해서 무능한 사람들로 간주되고, 그리고 다른 한
편으로 그 문제와 관련해서 훌륭하고 뛰어나다고 인정받는 사람
들이[237] 어떤 때는 그것이 가르쳐질 수 있다고 어떤 때는 그렇지
않다고 주장한다고 말일세. 자넨 어떤 문제에 관해서든 그런 혼
란에 빠진 사람들이 참된 의미의 교사라고 주장할 수 있겠는가?
메논 제우스께 맹세코, 적어도 전 그럴 수 없다고 생각합니다.

소크라테스 소피스트들도, 훌륭하고 뛰어난 사람들 자신도 그 문
제의 교사들이 아니라면, 다른 어떤 사람들도 그 문제의 교사들
이 아닐 거라는 건 분명하지 않겠는가?

메논 저는 그렇다고 생각합니다.

c 소크라테스 그런데 교사들이 없다면, 학생들 또한 없겠지?

메논 당신께서 말씀하신 대로라고 전 생각합니다.

소크라테스 그런데 교사들도 없고 학생들도 없는 그런 문제는 가
르쳐질 수 없는 것이라는 데 우리가 동의했지?

메논 동의했습니다.

소크라테스 그러면 탁월함의 교사들은 어디에도 없는 것으로 보
이지 않는가?

메논 그렇습니다.

소크라테스 그런데 교사들이 없다면, 학생들도 없겠지?

메논 그렇게 보입니다.

소크라테스 따라서 탁월함은 가르쳐질 수 있는 게 아니겠지?

메논 그런 것 같습니다. 우리가 올바르게 고찰한 거라면 말입니다.   d
다. 그래서 저는 정말 의아하게 생각합니다, 소크라테스. 뛰어난
사람들이란 도대체 없는 것인지, 아니면 뛰어난 사람들이 생길
경우 생기는 방식이 무엇일지 말입니다.

소크라테스 메논, 나나 자네나 우리는 형편없는[238] 사람들인 것 같
네. 그리고 또한 자네를 고르기아스가, 나를 프로디코스가 충분
하게 교육시키지 못했던 것 같네. 그러니 우리는 무엇보다도 우
리 자신에게 주의를 기울여야만 하고, 어떻게 해서든 우리를 더
뛰어나게 만들 사람을 찾아야만 하네. 그런데 나는 이런 말들을   e
지금까지의 우리의 탐구를 고려하고 나서 하는 것이네. 왜냐하
면 사람들이 일들을 올바르게 그리고 잘 행하는 건 오직 인식이
인도할 때만이 아니라는 것을 우습게도 우리는 알아채지 못했
고, 아마도 그래서 도대체 어떻게 뛰어난 사람들이 생기는지에
대한 앎이 우리로부터 도망치고 있는 것 같으니 말일세.

메논 그게 무슨 말씀이십니까, 소크라테스?

소크라테스 이런 말일세. 뛰어난 사람들은 유익한 사람들이어야
만 한다는 것, 적어도 이것은 달리 될 수 없다고 우리가 올바르   97a
게 동의했네. 그렇지 않나?

메논 그렇습니다.

소크라테스 그리고 그들이 우리의 일들을 올바르게 인도한다면, 그들은 유익한 사람들일 거라는 것, 이것에 대해서도 우린 아마도 훌륭하게 동의한 거지?

메논 예.

소크라테스 그런데 앎을 가지고 있지 않다면, 올바르게 인도하는 게 불가능하다는 것, 이것과 관련해서는 우린 올바르게 동의하지 않은 사람들과 같네.

메논 대체 '올바르게'로[239] 뭘 뜻하시는 겁니까?

소크라테스 말해 주지. 만약 누가 라리사나 자네가 원하는 다른 어디로 가는 길을 알고서 가고 또 다른 사람들을 인도한다면, 틀림없이 그 사람은 올바르게 그리고 잘 인도할 테지?

메논 물론이죠.

b 소크라테스 그런데 어떤가? 누가 그 길을 가 본 적도 없고 알지도 못하지만 그 길이 어떤 길인지 올바르게 확신한다면, 이 사람 역시 올바르게 인도할 게 아니겠나?

메논 물론입니다.

소크라테스 그리고 그가 다른 사람이 인식을 가지고 있는 것들에 관해 올바른 확신이나마 가지고 있는 한, 참인 것을 생각하나 알지는 못할지라도, 이것을 아는 사람보다 더 못한 인도자는 결코 아닐 걸세.

메논 예. 그는 결코 그렇지 않을 테니까요.

소크라테스 그러니까 참인 확신은 행위의 올바름과 관련해서는 앎보다 더 못한 인도자가 결코 아니네. 그리고 이 점을 탁월함이 어떤 것인가에 관한 고찰에서 우리가 지금까지 빠뜨리고 있었던 것이네. 오직 앎만이 올바른 행위를 인도한다고 말할 때 말이야. c
그런 것에는[240] 참인 확신도 있었는데도 말이지.

메논 적어도 제게는 그렇게 보입니다.

소크라테스 따라서 올바른 확신은 인식보다 결코 덜 유익한 게 아니네.

메논 적어도 이만큼은 덜 유익하겠지요, 소크라테스. 인식을 가진 자는 언제나 성공하겠지만, 올바른 확신을 가진 자는 때로는 성공하고 때로는 성공하지 못하는 만큼은요.

소크라테스 무슨 말을 하는 건가? 언제나 올바른 확신을 갖는 자는, 올바르게 확신하는 한, 언제나 성공하지 않겠나?

메논 제게는 필연적인 것으로 보입니다. 그래서 제가 의아하게 생각하는 겁니다, 소크라테스. 만약 이게 그러하다면, 도대체 왜 d
인식이 올바른 확신보다 훨씬 더 존중받는지, 그리고 무엇 때문에 그것들 가운데 하나가 다른 것과 다른지 말입니다.

소크라테스 그러면 자넨 왜 자네가 의아하게 생각하는지 아는가?
아니면 내가 자네에게 말해 줄까?

메논 물론 말씀해 주셔야죠.

소크라테스 자네가 다이달로스[241]의 조각상들에 주의를 기울이지 않았기 때문이네. 아마도 자네 나라에는 그것들이 없겠지만 말이야.

메논 그런데 대체 무엇 때문에 이런 말씀을 하시는 겁니까?

소크라테스 이것들 역시 묶여 있지 않으면 도망가고 달아나지만, 묶여 있으면 머물러 있기 때문이네.

e 메논 그래서 어떻다는 겁니까?

소크라테스 저 사람의 작품들 가운데 풀려 있는 것을 얻는 것은 마치 달아나는 노예의 경우처럼 큰 가치를 갖는 게 아니지만 — 머물러 있지 않으니까 말일세 — 묶여 있는 것을 얻는 것은 크게 가치 있는 것이네. 그의 작품들은 아주 훌륭한 것들이니까. 그렇다면 대체 무엇 때문에 내가 이런 말들을 하겠나? 참인 확신들

98a 때문일세. 참인 확신들도 머물러 있는 동안에는 훌륭한 것이고 온갖 뛰어난 일들을 해내기 때문이지. 하지만 그것들은 오랫동안 머물러 있으려고 하지 않고, 인간의 영혼으로부터 달아나 버리네. 그래서 그것들은 크게 가치 있는 것들이 아니네. 누가 그것들을 원인의 추론[242]으로써 묶어 놓기 전까지는 말이야. 그런데 이것이, 나의 친구 메논, 상기이네. 우리가 앞에서[243] 동의했듯이 말이야. 그리고 묶여진 후에 그것들은 먼저 인식들이 되고, 그다음으로 머물러 있게 되네. 사실 이 때문에 인식은 올바른 확신보다 더 존중받는 것이고, 결박에 의해 인식은 올바른 확신과

구별되는 것이네.

메논 제우스께 맹세코, 소크라테스, 그런 것 같습니다.

소크라테스 나 역시 아는 자로서가 아니라 추정하는 자로서 말하 b
는 것이긴 하네. 그런데 올바른 확신과 인식이 다른 종류의 것이
라는 사실, 난 이것만큼은 절대로 추정한다고 생각하지 않네. 오
히려 정말로 내가 어떤 것을 안다고 주장할 수 있다면 — 물론
내가 그렇다고 주장할 수 있는 것들은 적겠지만 말이야 — 나는
어쨌든 이것 역시 내가 아는 것들 중의 하나로 놓을 걸세.

메논 그것 또한 어쨌든 옳게 말씀하신 겁니다, 소크라테스.

소크라테스 그러면 어떤가? 이것 또한 옳게 말한 게 아니겠나?
참인 확신이 인도할 때, 각각의 행위가 이루고자 하는 바는 결코
인식이 인도할 때 못지않게 성취된다는 것 말일세.

메논 이 말씀 역시 참인 거라고 전 생각합니다.

소크라테스 그러니까 행위들과 관련해서 올바른 확신은 인식보다 c
결코 더 못하지도 덜 유익하지도 않을 것이며, 올바른 확신을 가
진 사람 역시 인식을 가진 사람보다 더 못하지도 덜 유익하지도
않을 것이네.

메논 그렇습니다.

소크라테스 게다가 우리는 뛰어난 사람이 유익하다는 것에 동의
했네.

메논 예.

소크라테스 그러면 말이야, 인식을 통해서뿐 아니라 올바른 확신을 통해서도 사람들은 나라들을 위해서 뛰어날 수도 유익할 수도 있기 때문에 — 만약 정말 그들이 그렇다면 말일세 — 그리고 인식이나 올바른 확신, 이 둘 가운데 어떤 것도 본성적으로 사람들

d 에게 있는 것도 아니고 습득되는 것도 아니기 때문에[244] — 혹시 자네에겐 둘 중 어느 것이든 본성적으로 있는 것으로 보이는가?

메논 적어도 제겐 그렇게 보이지 않습니다.

소크라테스 그러면 둘 중 어느 것이든 본성적으로 있지 않으니까, 뛰어난 사람들도 본성적으로 있는 게 아닐 걸세.

메논 분명히 아닙니다.

소크라테스 그리고 뛰어난 사람들이 본성적으로는 있는 게 아니니까, 우린 그다음 것을 고찰했네.[245] 그것이 가르쳐질 수 있는 것인지를 말일세.

메논 예.

소크라테스 그럼 탁월함이 앎이라면, 탁월함은 가르쳐질 수 있는 것으로 생각되지 않았나?[246]

메논 예. 그렇게 생각되었습니다.

소크라테스 그리고 가르쳐질 수 있는 것이라면, 앎일 거라고 생각되었지?[247]

메논 예.

e 소크라테스 그리고 교사들이 있다면 가르쳐질 수 있는 거겠지만,

있지 않다면 가르쳐질 수 있는 게 아니라고 생각되었지?[248]

메논 그렇게 생각되었습니다.

소크라테스 그러나 우리는 그것의 교사들이 있지 않다는 데 분명 동의했지?[249]

메논 그렇습니다.

소크라테스 따라서 우리는 그것이 가르쳐질 수 있는 것도 아니고 앎도 아니라는 데 동의했지?[250]

메논 물론입니다.

소크라테스 그러나 우리는 그것이 뛰어난 것이라는 데 분명 동의하지?[251]

메논 예.

소크라테스 그리고 올바르게 인도하는 것은 유익한 것이고 뛰어난 것이라는 데도 동의하지?

메논 물론이죠.

소크라테스 그리고 오직 이 둘, 즉 참인 확신과 인식만이 올바르 게 인도하고 사람이 올바르게 인도하는 것은 바로 이것들을 가지고서라는 데도 동의하네. 어떤 우연으로부터 올바르게 생기는 것은 인간적인 인도에 의해 생기는 게 아니니까. 그리고 사람이 올바른 것을 향해 인도하는 일들의 경우 이 둘, 즉 참인 확신과 인식이 인도하는 것이네.[252] 99a

메논 제게는 그렇게 보입니다.

소크라테스 그럼 탁월함은 가르쳐질 수 있는 것이 아니니까, 탁월함은 또한 더 이상 인식이 아니겠지?

메논 아닌 것 같습니다.

b 소크라테스 결국 뛰어나면서도 유익한 둘 중에서 하나가 풀려났고, 정치적 행위에 있어서 인식은 인도자가 아닐 걸세.

메논 제게는 아닐 것으로 생각됩니다.

소크라테스 그러니까 그와 같은 사람들이 나라들을 인도하고 있었던 것은 어떤 지혜에 의해서도 아니고 그들이 지혜로운 자들이어서도 아니네. 테미스토클레스 같은 사람들[253]이나 여기 이 아뉘토스가 방금 말하고 있었던 사람들[254] 말일세. 그 때문에 그들은 다른 사람들을 그들 자신들과 같은 그런 사람들로 만들 수도 없다네. 그들은 인식을 통해서 그런 사람들인 게 아니니까.

메논 당신께서 말씀하신 대로인 것 같습니다, 소크라테스.

c 소크라테스 그럼 인식에 의해서가 아니라고 한다면, 남는 것은 뛰어난 확신[255]에 의해 생긴다는 것이네. 이것을 사용하면서 정치가들은 나라들을 올바르게 인도하지만, 앎과 관련해서는 신탁을 말하는 사람들이나 신들린 예언자들과 결코 다르지 않네. 왜냐하면 이들 역시 영감에 휩싸여 많은 참인 것들을 말하지만, 자신들이 말하는 것들에 대해서는 아무것도 알지 못하기 때문이네.

메논 그런 것 같습니다.

소크라테스 그럼, 메논, 이 사람들을 마땅히 신적인 사람들로 불러야 하지 않겠나? 이들 모두는 지성을 가지고 있지 않으면서 자신들이 행하고 말하는 것들과 관련해서는 많은 큰일들을 성공적으로 수행하니 말일세.

메논 당연하죠.

소크라테스 따라서 방금 우리가 말했던 신탁을 말하는 사람들과   d
예언자들, 그리고 모든 시인들을 또한 신적인 사람들로 부르는
게 옳을 성싶네. 그리고 우리는 정치가들 역시 조금도 이들에 못
지않게 신적일 뿐 아니라 영감에 휩싸여 있다고 주장할 수 있을
걸세. 이들은 비록 자신들이 말하는 것들을 결코 알지 못하더라
도 많은 큰일들을 말하면서 성공적으로 수행할 때, 신으로부터
영감을 받고 신들려 있으니까 말일세.

메논 물론입니다.

소크라테스 분명히 여자들도, 메논, 뛰어난 사람들을 신적인 사
람들로 부른다네. 그리고 스파르타인들은 누군가를 뛰어난 사람
으로 칭송할 때는 언제나 "이 사람은 신적인 분이오"[256]라고 말
한다네.

메논 물론 그들은 옳게 말하는 것으로 보입니다, 소크라테스. 하   e
지만 여기 있는 아뉘토스는 아마도 당신 말씀에 화낼 텐데요.

소크라테스 난 전혀 개의치 않네. 이 사람과는, 메논, 나중에 우리
가 다시 문답할 걸세. 그러나 지금은, 우리가 이 모든 논의에서
훌륭하게 탐구했을 뿐 아니라 말하고 있었다면, 탁월함은 본성적

으로 있는 것도, 가르쳐질 수 있는 것도 아닐 테고, 신적인 섭리

100a 에 의해 누구든 그것이 생기는 사람에게 지성 없이 생길 것이네. 정치가들 가운데 어떤 사람이 다른 사람 역시 정치가로 만들 수 있는 그런 사람이 아니라면 말일세. 그러나 그런 사람이 만약 있다면, 호메로스가 테이레시아스에 대해 "하데스에 있는 사람들 중에 그만이 지각이 있고, 나머지는 그림자들로 떠돈다"[257]고 말하면서 죽은 자들 속에 그가 있었다고 언급했던 것처럼, 이 사람은 살아 있는 사람들 가운데서 그와 같은 사람으로 거의 말할 수 있을 것이네. 마찬가지로 여기 이 지상에서도 그와 같은 사람은 탁월함에 관한 한 그림자들과 대비되는 실물 같은 사람일 것이네.

b 메논 아주 훌륭한 말씀으로 보입니다, 소크라테스.

소크라테스 따라서 이러한 추론으로부터, 메논, 탁월함은 누구든 그것이 생기는 사람에게 신적인 섭리에 의해 생기는 것으로 우리에겐 보이네. 그러나 탁월함이 사람들에게 어떤 방식으로 생기는가에 앞서 먼저 탁월함 그 자체가 그 자체에 있어서[258] 도대체 무엇인가를 탐구하도록 노력할 때 비로소 그것에 관해 확실한 것을 알게 될 걸세. 그런데 이제 나는 어디 좀 가 봐야 할 시간이고, 자넨 여기 있는 자네의 접대자인 아뉘토스를, 그가 더 진정되도록, 그와 같은 것들과 관련해 자네 자신이 설득되었듯이 설득시켜 보게. 자네가 이 사람을 설득시킬 수 있다면, 그건 자네가 아

c 테네인들에게도 이익을 가져다주는 일이 될 테니까 말일세.

98

주석

1 **제게 말씀하실 수 있습니까** : 메논의 질문은 도전적이고 확신에 차 있다. 스무 살이 채 안 된 메논이 칠십을 바라보는 노철학자에게 능력을 시험하듯이 오만한 태도로 질문을 던지는 것은, 곧이어 소크라테스가 말하는 것처럼, 이미 그가 모든 질문에 답변할 수 있다고 공언하는 고르기아스 같은 소피스트의 가르침의 영향 아래에 있고 또 그것을 모방하고 있음을 보여 준다. 플라톤은 메논의 이런 자신감과 확신이 소피스트 철학의 특징적 현상이라는 것을 많은 곳에서 지적하고 있고, 스스로 감당할 수 없는 것을 공언하는 소피스트들의 허풍에 대해서도 비판적으로 풍자한다.

2 **탁월함(aretē)** : 플라톤은 'aretē' 개념을 인간을 포함한 모든 종류의 대상에 적용하고, 특히 『국가』 1권에서는 '기능'(ergon) 개념과 연관시켜 설명한다. 각 대상에는 다른 어떤 대상이 수행할 수 없고 오직 그것만이 가장 뛰어나게 이룰 수 있는 고유의 일과 기능이 부여되어 있고, 특정한 것을 수행할 수 있는 일과 기능은 실제로 잘 실현되기도 잘못 실현되기도 한다고. 여기서 'aretē'는 각 대상의 기능과 능력의 완전하고도 탁월한 발휘를, 'kakia'는 불완전하고 열등한(못난, 뒤떨어지는) 성취를 가리

킨다. 따라서 우리는 'aretē'를 '탁월함'(excellence)으로, 'kakia'를 '무능함', '못남', '뒤떨어짐', '유해함', '불완전함' 등의 의미를 포괄하는 '열등함'으로 옮겼다. 가령, 눈이 볼 수 있는 능력을 가진 것이라면, 눈의 '탁월함'은 단순한 보는 능력의 소유를 넘어 실제로 잘 보는 데 있고, 눈의 '열등함'은 실제로 잘 보지 못하는 데 있다. 멀어 버린 눈은 눈의 기능을 발휘할 수 없는 한 눈다운 눈이 아니고 단순한 살덩어리이며, 단적으로 '열등한' 눈이다. 특히 플라톤은 'aretē'를 '좋음'이나 '뛰어남'을 의미하는 'agathon'과 거의 같은 의미로 사용한다. 'kakia'와 'aretē'가 반대말로 자주 사용되는 것은 고대 그리스어의 용법에서 매우 자연스러운 것이다. 'aretē'를 '탁월함'(excellence), '훌륭함', '뛰어남', '유용함', '유능함'을 포괄하는 '좋음'으로 번역할 수도 있으나, 'agathon'과 구별하기 위해 '탁월함'으로 옮겼다. 'agathon'의 번역에 관해서는 주석 40 참고.

3 테살리아 : 메논의 고향인 파르살로스와 아리스티포스의 가문이 지배했던 라리사가 위치한 그리스의 중북부 지방이다. 기원전 4세기 중엽에 마케도니아에 복속되었다.

4 승마술이나 부 : 비옥한 평원 지역이었던 테살리아는 말 사육에 적합하여 고대부터 승마술로 유명했다고 한다(『히피아스 I』 284a, 『법률』 625d). 테살리아 지방에서 발견된 일부 주화들에는 말이 새겨져 있다. 그리고 테살리아는 그리스에서 경제적으로 가장 번성했던 지역으로 알려져 있다. 고르기아스가 테살리아에 머물렀을 때가 테살리아인들이 그리스에서 가장 부유했을 시기로 보인다.

5 지혜로도 칭송받고 있네 : 테살리아가 부(富)나 말(馬)로 유명한 것은 사실이지만, 부와 같은 세속적 가치를 지혜와 같은 지적 가치와 결부시키는 것은 유명한 소크라테스의 소위 반어법(eirōneia)에 따른 것이다. 특히 테살리아의 경제적 번성과 명성 이면에 '무질서와 방종'이 놓여 있음을 꿰뚫고 있는 『크리톤』에서의 소크라테스의 시각을 고려하면(53d), 이런 칭송의 반어적 특성은 명백하다.

6 아리스티포스 : 퀴레네학파의 창시자인 아리스티포스가 아니라 라리사

를 세습하여 통치했던 알레우아스 가문의 한 사람이다. 『메논』에서는 메논의 동료이자 애인으로 그려지고 있다. 페라이의 참주 뤼코프론으로부터 라리사를 지키기 위해 기원전 404년에는 페르시아의 퀴로스에게 지원을 요청하기도 했고 — 우리의 메논은 아마도 기원전 402년 초에 파르살로스에도 닥친 위협에 대처하기 위해 아테네를 방문했을 것이다 — 기원전 401년에는 형의 권좌를 찬탈하기 위해 역모를 꾀한 페르시아의 퀴로스를 지원하기 위해 메논과 함께 소아시아 지역으로 갔다.

7 **라리사의 시민들** : 버넷은 사본 F에 따라 'larisaioi'로 읽지만, 사본 B, T, W에서는 'larisaiou'로 읽는다. 후자에 따라 옮기면 '라리사 출신인 자네의 동료 아리스티포스의 시민들'이 된다. 여기서는 버넷에 따라 번역하였다.

8 **고르기아스** : 레온티노이 출신의 수사학자이자 유명한 소피스트. 테살리아가 경제적으로 번성했을 때 테살리아를 방문했다고 한다. 거기서 109세까지 살았다는 속설도 있다. 95c에서 메논은 고르기아스가 스스로를 탁월함의 교사, 즉 소피스트로 부르지 않았고 오히려 그런 사람들을 조롱했다고 전하면서, 그를 '가르치는 소피스트'가 아닌 '설득하는 수사학자'로 소개한다. 이 점은 고르기아스가 당대의 소피스트로 분류될 수 없다는 주장의 근거로서 간주되기도 한다.

9 **알레우아스 가문** : 테살리아의 라리사를 통치했던 귀족 가문이다. 이 가문은 크세륵세스가 기원전 480년에 일으킨 페르시아 전쟁에서 페르시아 편에 섰다.

10 **귀족들(prōtoi)** : 'prōtoi'는 본래 시간이나 순서나 서열 혹은 권위에 있어서 가장 앞서거나 가장 고귀한 사람들을 가리킨다. 여기서는 '최고의 권위나 지위를 가진 사람들'이라는 의미에서 '귀족'으로 번역하였다.

11 **자네의 애인(erastēs)인 아리스티포스** : 젊은 메논은 잘생긴 외모 때문에 아리스티포스의 마음을 사로잡았다고 한다. 기원전 401년에 퀴로스의 모반에 메논이 그리스 용병들의 지휘관으로 적극 가담한 것에도 아리스티포스와의 이런 개인적 관계가 작용했다. '애인'은 그리스

어 'erastēs'를 옮긴 것이다. 소년애에서 남자 어른이 구애하고 어린 소년이 구애를 받기 때문에, 통상 구애자인 어른을 '사랑하는 자', 즉 'erastēs'로 부르고, 소년을 '사랑받는 자', 즉 'erōmenos'로 부른다. 여기서 '자네의 애인'은 '자네가 사랑하는 사람'이 아니라 '자네를 사랑하는 사람', 즉 아리스티포스를 가리킨다. '자네의 애인'을 '자네에게 구애하는 자'로 읽으면 의미가 더 분명해진다.

12 귀족들을 애인들로 사로잡았기 : 소크라테스는 고르기아스와 귀족들 간의 교제 관계를 어른과 소년 간의 연애 관계에 비유하여 설명한다. 고르기아스가 귀족들을 애인들, 즉 구애자들로 사로잡았다는 것은 귀족들로 하여금 그를 사랑하게 만들었다는 것을 뜻한다.

13 대범하게 : 어원적으로 '위대함에 걸맞은 방식으로'를 의미하는 'megaloprepōs'를 옮긴 것이다. 통상 좋은 의미로 사용되지만(『국가』 487a, 『향연』 199c, 210d), 여기서는 페리클레스의 지혜에 대한 언급 (94a~b)에서처럼 반어적 색채를 짙게 띠고 있다.

14 왜냐하면 고르기아스 자신도 … 대답해 주지 않았던 사람은 아무도 없었기 때문이네 : 고르기아스의 이런 허풍은 『고르기아스』 447d~448a에서도 보인다.

15 이곳에서는 : 아테네에서는.

16 그렇게 : 메논이 탁월함이 가르쳐질 수 있는 것인지에 대해 묻는 것처럼.

17 탁월함 자체가 도대체 무엇인지도(auto hoti pot esti … aretē) : 'auto'는 'hoti' 절이나 'aretē'를 한정할 수 있다. 전자의 경우 '탁월함이 도대체 무엇인가 하는 것 자체를'로, 후자의 경우 '탁월함 자체가 도대체 무엇인지를' 로 번역된다. 70a에서 보이는 것처럼 플라톤이 여성명사 '탁월함'의 술어인 '가르쳐질 수 있는 것'을 여성이 아닌 중성 'didakton'으로 표현하는 것을 보면, 중성대명사 'auto'를 가지고 여성명사 'aretē'를 강조하고 있다고 보는 것이 자연스럽다.

18 전적으로(to parapan) : '절대적으로', '전혀'를 뜻하는 'to parapan'의 일상적 의미만을 고려하면, 소크라테스가 고백하는 무지는 '절대적' 무지가

된다. 그러나 누가 봐도 이 고백은 과장되어 있다. '절대지'를 주장하는 것이 유한한 인간에게 불가능한 것처럼, '절대무지'를 말하는 것도 상식 밖의 주장이다. 다른 사람이라면 모를까 현명한 소크라테스가 탁월함에 대해 정말 아무것도 모른다는 것이 말이 되는가? 그렇다면 왜 소크라테스의 무지를 플라톤은 이렇게 과장하여 표현하는 것일까? 플라톤은 'to parapan'의 일상적 의미 외에 'to parapan'에 함축적으로 담겨진 '이론적' 의미를 함께 생각하면서 대화의 진행을 위한 어떤 극적 장치를 마련하고 있는 것으로 보인다. 'to parapan'에서 'pan'은 'holon'과 마찬가지로 '전체'를 의미한다. 그런데 '전체'를 이해하는 데 다음 두 의미가 구별되어야 한다. 한편으로 '탁월함'이라는 어떤 사태의 '전체'는 탁월함과 관련된 '전부', '모든 것'을 의미한다. 이런 의미에서 탁월함을 'to parapan'하게 모른다는 것은 개별적이든 보편적이든 탁월함에 속하는 모든 측면들을 전혀 모른다는 것이 된다. 그러나 다른 한편으로 '전체'는 '부분'(meros)과 대비되는 개념으로서, 탁월함의 모든 부분들에 공통적으로 귀속되면서 모든 탁월함의 부분들을 하나의 보편적 관점에서 통일적으로 규정하는 '전체'를 의미한다. 후자의 '이론적' 의미에서 보면, 탁월함에 대한 'to parapan'한 무지란 탁월함에 대한 무지 '일반'이 아니라 — 탁월함의 부분들에 대한 '개별적' 무지와는 구별되는 — 탁월함의 통일적·전체적 본성에 대한 '보편적' 무지이다. '일상적' 의미와 '이론적' 의미에 대한 플라톤적 구별이 소크라테스와 메논 사이의 대화 속에 살아 있을 때, 대화의 흐름은 일관적으로 파악될 수 있다. 소크라테스는 한편으로 메논으로 하여금 일상적 의미로 이해하도록 유도하여 결국 '메논의 난제'를 제시하게 한다. 71b~c에서 메논이 소크라테스가 '정말로' 모르는지를 물을 때, 메논은 이미 소크라테스의 이러한 말놀이에 빠져 있다. 그러나 다른 한편으로 소크라테스 자신은 'to parapan'의 이론적 의미를 염두에 두고서 최종적으로 상기론을 통해 '메논의 난제'에 대한 가능한 해결을 암묵적으로 제시한다. 'to parapan'의 이중적 의미를 구별하고 플라톤이 의식적으로 이 구별을 활용한다는 것을 전제할 때, 이 개념은 '메논의 난제'를 촉발시키고 동시에 상기론을 논의의 중심에 끌어들이는 극적 장치임이 분명하다. 'to parapan'을 의도적으로 애매하게 사용하는 플라톤의 방식을 살리기 위해 여기서도 마찬가지로 의도적으로 애매하게 일상적 의미와 이론적 의미 모두로 해석될 수 있는 '전적으로'로 옮겼다.

19 나는 … 알지 못하니까요(hōs oude … eidōs) : 사본 F에 따라 버넷은 'hōste oude … eidōs'로 읽는다. 주절의 가능한 또는 실제적 결과를 표현하는 'hōste'로 읽을 경우, 이 문장 전체는 내용상 '그것은 무엇인가?'를 '우선' 알아야 한다는 플라톤의 탐구 방법과 일치하지 않게 된다. 따라서 사본 B, T, W에 따라 '이유'의 의미를 가진 'hōs'로 읽었다.

20 그것이 무엇인지를(ti) … 그것이 어떤 것인지를(hopoion ti) … 알 수 있겠는가? : 플라톤은 '무엇인가?' 물음을 선행시킴으로써 문답법적 탐구가 상대성에 빠지거나 주관적 확신(doxa)에 정체되지 않고 상호 동의 가능한 보편적(koinon) 인식으로부터 합리적 절차에 따라 수행되어야 한다는 것을 강조한다. 문답법에서 이 물음이 갖는 이론적 가치와 위상을 정확하게 이해하기 위해서 다음 두 사실에 주목할 필요가 있다. 1)'무엇인가?' 물음은 철학적 대화와 탐구가 전제하는 두 가지 조건에 기초해 있다. 1.1)하나는 탐구의 논리적 조건으로, 플라톤은 인식되거나 탐구되는 모든 사태에 대해 일차적으로 그것이 '어떤 (규정된) 것이다'(ti einai), 더 정확히 표현하면 '그것이 어떤 (규정된) 것이면서 동시에 다른 것일 수 없다'는 것을 전제한다. 왜냐하면 문답자들이 공통의 탐구 원칙으로 동의할 수 있는 무모순적 규정성의 원리가 없다면, 사람들이 대부분 인식으로 간주하는 확신(doxa)이 진정한 의미의 인식(epistēmē)인지를 비판적으로 시험하고 검토할 수 있는 아무런 합리적 검증 척도도 가질 수 없기 때문이다. 우리가 인식한 것이 정말로 '어떤 (규정된) 것'일 때 그 인식은 참된 의미의 인식으로 밝혀지지만, 그것이 '어떤 것'이면서 바로 그것이 아닌 것으로 드러날 때는 우리는 여전히 확신의 차원에 머물러 있는 것으로 밝혀진다. 모순율을 함축적으로 표현하는 '어

떤 (규정된) 것이다'는 모든 경험이나 사유가 그 행위에 앞서 반드시 전 제해야 할 논리적 공리이고, '무엇인가?' 물음은 바로 이 무모순의 공 리가 문답법적 탐구 일반의 논리적 전제로 정립될 때 비로소 제기될 수 있는 질문이다. 특히 이 공리의 자명성은 『메논』에서 '끝은 어떤 것인가 (ti)?'(75e)와 같은 질문을 통해 간접적으로 표현된다(여기에 관해서는 주 석 73 참고). 1.2)다른 하나는 탐구의 인식론적 조건으로, 플라톤은 이 를 '~인 것이 인식될 수 있다'(to on gnōston)(『국가』 477a, 478b)는 공리 를 전제한다. 여기서 '~이다'는 '어떤 (규정된) 것이다', '('어떤 것'으로 규 정되어) 있다'를 뜻하는 것으로, 이 인식론적 공리가 주장하는 것은 오 직 '어떤 것'으로 규정된 것 또는 규정되어 있는 것만이 인식될 수 있다 는 것이다. 요컨대, '탁월함이 무엇인가?'라는 질문은 '탁월함은 어떤 (규정된) 것이다', 그리고 '탁월함의 규정성만이 인식될 수 있다'는 두 공 리를 전제하고, 무모순적으로 규정된, 따라서 엄밀한 의미에서 인식될 수 있는 그 '어떤 것'이 어떻게 규정되어 있는지를, 즉 플라톤 표현대로 탁월함이 왜 '탁월함인지'(to aretē einai)(73a1)를 묻는 것이다. 2)만약 '무 엇'에 대한 질문이 대상의 '무모순적 규정성'과 '규정성의 인식 가능성' 을 전제하는 것이라면, 두 질문이 각기 묻는 인식 대상의 차이는 다름 아닌 '어떤 것'으로 규정되어 있는 두 방식의 차이에 놓여 있다. 2.1)한 편으로 탁월함은 그 자체가 그 자체에 있어서(auto kath' auto) 또는 그 자체와 관련해서(eph' eauto) '어떤 것'으로 규정되어 있다. '탁월함은 무 엇인가?' 물음은 다른 사태와의 관계 속에서 탁월함에 귀속되는 특성 이 아니라 탁월함 그 자체로부터 오직 그리고 일차적으로 탁월함에게 만 귀속될 수 있는 탁월함의 본질(규정성)(ousia)에 대한 규정을 요구하 는 것이다. 2.2)다른 한편으로 탁월함은 다른 것 속에서 규정되어 있 다. 플라톤은 자주 '겪다'(paschein)라는 개념을 사용해 이를 설명한다. 탁월함은 다른 것 속에서 어떤 것을 겪는다. 그런데 탁월함이 겪는 어 떤 것, 즉 탁월함의 현상(pathos)은 탁월함에 탁월함 그 자체로서 귀속 될 수 있는 것이 아니라 탁월함이 실현되고 현상하는 다른 것들에 귀속될 수 있는 것이다. 가령, 나랏일을 잘하는 것은 물론 탁월함과 결부되어 있지만, 이것은 탁월함 자체로부터 탁월함에 귀속되는 것이 아니다. 나랏일을 잘하는 것은 오히려 남자와 결부되어 있고, 남자 중에서도 페리클레스나 테미스토클레스 같은 뛰어난 정치가와 결부되어 있는 것이다. 따라서 나랏일을 잘하는 것은 탁월함과 결부된 '어떤 것'을 명명하지만, 오직 탁월함과만 결부된 것을 명명하는 것이 아니고, 탁월함 자체와는 무관한 남자들과 결부된 탁월함의 성질들을 명명하는 것이다. 남자들에 있어서 탁월함이 나랏일을 잘하는 것으로 현상하더라도, 이것은 사실 탁월함 자체에만 속하는 탁월함의 본질이 아니라 남자들에서 실현되고 남자들에게 속하는 탁월함의 한 현상이자 사례일 뿐이다. 플라톤이 두 종류의 질문을 구별하는 것은 탁월함의 사례나 현상을 탁월함 자체로 확신하고 강변하는 맹목적 사유로부터 메논을 전향시키기 위한 것이고, 더 나아가 탁월함인 한에서 오직 탁월함에 귀속될 수 있는 본질에 주목하도록 메논을 유도하기 위한 것이다. 『메논』에서의 두 질문의 구별은 『일곱째 편지』에서의 '무엇'과 '어떤 것', 『티마이오스』에서의 이데아와 (질료(chora)의 성질로서의) 사물, 『국가』에서의 인식(epistēmē)과 확신(doxa)의 구별을 통해 체계화되는 플라톤의 이데아론의 발생적 기원을 이룬다.

21 메논에 대해 … 알지(gignōskein) 못하는 사람이 그가 잘생겼는지 … 아는 (eidenai) 것이 가능하다고 생각하는가? : 소크라테스는 본질의 인식과 현상의 인식을 'gignōskein'과 'eidenai'라는 서로 다른 두 개념을 통해 지칭하고, 탁월함의 본질에 대한 탐구로부터 탁월함의 현상들에 대한 탐구로 진행하는 과정을 '메논'이라는 한 인간을 통해 예시하고 있다. 흔히 이 구절은 플라톤의 형상 인식의 특성을 밝히는 중요한 전거로 간주된다. 가령, 톰슨은 이 구절에서 개별자인 '메논'과 부류(class)를 지시하는 '탁월함'의 존재 양식의 차이는 중요하지 않다는 것을 지적한다 (Thompson(1901), p. 65). 사실 플라톤의 대화편에서 개별자에 대해 '무엇인가?' 물음이 제기되는 경우가 있고, 그 경우 탐구되는 대상이 개별

사물인가 보편개념인가는 중요하지 않다. 그러나 톰슨은 여기서 멈추지 않고 보편자 '탁월함'이든 개별자 '메논'이든 '무엇인가?' 물음이 묻는 모든 대상에 대한 인식(gignōskein)과 정의(definition)는 현상들에 대한 'eidenai'와 다르고, 궁극적으로 '무엇'에 대한 인식(gignōskein)은, '메논'의 예에서 분명히 드러나는 것처럼, 어떤 단순한 — 따라서 명제적 구조를 지니지 않는 — 대상에 대한 직접적 친숙(acquaintance)이나 직관적 확인(identification)을 의미한다고 주장한다(Thompson(1901), p. 66, Bluck(1961), p. 213). 이와 같은 해석은 플라톤의 형상 인식을 어떤 초월적 대상에 대한 직관적 수용이나 확인으로 간주하는 실체형이상학적 플라톤 해석과 맥을 같이하고 있다. 이 구절만을 놓고 보면 형상 인식의 무매개적 직관성을 추측할 수 있지만, 그것을 모든 대화편들에 일반적으로 적용하기에는 무리가 있다. 무엇보다도 대화편들에서 플라톤은 전문 개념(terminus technicus)으로서 두 개념을 형상 인식과 사물 인식이라는 두 종류의 인식을 결정적으로 구별할 때 사용하지 않는다. 만약 여기서 'gignōskein'을 외부 개별 대상에 대한 직접적 친숙과 확인으로 간주한다면, 그것은 '메논'의 인식에는 적합할지 모르지만 '탁월함'이나 다른 보편적 개념의 인식에는 적합하지 않다. '탁월함'은 우리가 '메논'을 누구의 소개를 통해 만나는 것처럼 그 정체성을 감각 경험을 통해 무매개적-직관적으로 확인할 수 있는 개별 대상이 아니기 때문이다. '메논이 누구인가?'에 대한 'gignōskein'의 이 의미를 고집하면 할수록, '메논'에 대한 앎과 '탁월함'에 대한 앎과의 유비는 그만큼 약화될 수밖에 없다. 게다가 『메논』 자체에서 탁월함에 대한 인식뿐 아니라 탁월함의 현상에 대한 인식도 'eidenai' 개념으로 표현된다. 따라서 'gignōskein'과 'eidenai'의 구별은 어떤 중요한 철학적 의도 속에서 이루어진 것이 아니라고 보는 것이 낫다. 토마스의 지적처럼 '메논'의 보편적 규정성과 자기동일적 정체성에 대한 인식은 '메논'을 단 한 번 직접 보는 것으로 충분히 성취될 수 있는 것이 아니다(Thomas(1980), p. 75). '메논이 누구인가?'는 하나의 전체로서 '메논'이라는 사태를 '메논'

자체로부터 규정하라는 요구이고, 그것은 직접적으로 확인될 수 있는 것이 아니라 '동물', '인간', '이성'과 같은 다양한 보편적 개념들을 결합하고 분리하는 합리적 사유의 해명을 통해 드러날 수 있기 때문이다. '탁월함'에 대한 인식과 '메논'에 대한 인식의 유비는 양자의 인식의 '직접성'과 '직관성'에 기초해 있기보다는 양자의 보편적 규정성에 대한 인식의 선행성에 놓여 있다. 따라서 일종의 '친숙'으로서의 'gignōskein'을 형상 인식을 특징짓는 중요 전거로 보는 것은 이 구절의 언어적 표현만으로는 정당화될 수 없다(Sharples(1985), p. 125).

22 **정말로(alēthōs)** : '정말로'라는 말을 통해 메논은 소크라테스로부터 탁월함의 본질에 대한 그의 무지가 탁월함 일반에 대한 '절대적' 무지임을 다시 한 번 확인받는다. 소크라테스는 대화의 이 단계에서 이에 대한 어떤 이의도 제기하지 않는다. 따라서 탁월함의 '무엇'에 대한 무지의 문제는 소크라테스의 '전적인 무지'를 역설의 근거로 사용하는 '메논의 난제'가 제시될 때까지 미루어진다.

23 **고르기아스가 여기에 머무르고 계실 때** : 실제로 고르기아스는 기원전 427년에 레온티노이의 외교사절로 처음 아테네를 방문했다고 전해지지만, 여기서 언급되는 두 사람의 만남은 플라톤의 『고르기아스』에서의 만남을 가리키는 것으로 보인다(Bluck(1961), pp. 113, 215, Thompson(1901), p. 69).

24 **나는 기억력이 썩 좋은 편은 아니네(ou pany eimi mnēmōn)** : '썩 … 편은 아니네'는 'ou pany'를 옮긴 것이다. 'ou pany'는 대부분(73d5, 77d6, 86b7, 98b2) 강한 부정을 나타내지만, 여기서는 약한 부정으로 해석하였다. 다시 소크라테스의 반어법이 등장한다. 소크라테스는 기억력이 뛰어나기로 정평이 나 있었을 뿐 아니라 배움에 있어서 뛰어난 기억력의 중요성을 강조하기도 한다. 하지만 소크라테스는 고르기아스의 견해를 기억에 의존하여 재생하고 모방하는 데만 몰두하는 메논을 비판하면서 자신의 기억력의 부족을 반어적으로 고백한다. 유사하게 『프로타고라스』에서 소크라테스는 반성되지 않은 잡다한 지식을 기억에 의

존해 장황하게 열거하면서 떠벌리는 프로타고라스가 대화에 능한 그 자신의 빈곤한 기억력을 조소적으로 지적할 때 그의 지적을 긍정한다 (『프로타고라스』 250c6, 334c8~d1). 대부분의 소피스트들은 기억의 중요성을 역설한다. 『이중 논변』의 저자는 기억이 실제 생활에서뿐 아니라 학문적 탐구에 있어서도 인간에게 커다란 유용성을 제공한다는 점에서 기억을 유한한 인간의 최고의 발견으로 치켜세운다(9절). 그리고 아리스토텔레스가 전하듯이 고르기아스는 학습방법으로서 암기를 중시했고(『소피스트적 논박』 183b36~184a1), 히피아스는 뛰어난 기억력(『히피아스 I』 285e9~10)과 기억술(『히피아스 II』 386d6~7, 369a7)로 유명하였다. 물론 기억력은 반드시 필요한 대화의 조력자이지만, 소크라테스가 볼 때 그것은 충분조건은 아니었다. 묻고 답하는 대화에서 중요한 것은 엄밀하게 반성되지 않은 수많은 견해들을 기억력에 의존해 무비판적으로 끄집어내는 것이 아니라, 자신이나 다른 이의 환기된 확신을 사유의 합리적 공리와 기준에 따라 스스로 그리고 비판적으로 검증하는 것이다. 따라서 소크라테스가 곧이어 단순한 '기억'과 대비해 '상기'를 세 번에 걸쳐 언급하고 메논 '스스로' 말하고 사유하기를 요구하는 것은(71d, 73c, 76a~b) 단순한 우연은 아니다. 비록 여기서 '상기'는 이론적 일반성을 갖춘 교설로 언급되었다고는 할 수 없지만, 배움이 지성의 자율적, 자기~근원적 사유라는 '상기'의 핵심은 충분히 예시(豫示)되어 있다. 플라톤의 단어 사용과 관련된 클라인의 설명은 흥미롭다. 클라인은 'mnēmōn, ō menōn'이라는 소크라테스의 언급을 거론하면서 '기억'(mnēmōn)과 '메논'(menōn)이라는 두 개념의 유사성으로부터 자기사유 없이 '기억'에 의존하는 '메논'의 성격을 추측한다(Klein(1965), p. 44). 그리고 'menōn'과 '머물러 있다'를 의미하는 'menein'의 유비에 근거해서 '메논'을 기억을 통해 다른 사람의 견해를 무비판적으로 재생하는, 기억에 '정체된' 사람으로 규정하고, 함축적으로 '메논'의 '기억'을 주어진 기억에 대한 비판적·주체적 사유로서의 상기와 대비시킨다. 따라서 클라인은 메논에게는 그 자신은 없고 기억밖에 없는 것 같다고 주장하기도 한다(Klein(1965), p. 72). 이렇게 볼 때 소크라테스의 반어법은 '상기'를 '기억'으로부터, 그리고 기억을 통해 재생되는 확신들에 대한 비판적 성찰을 요구하는 문답법(dialektikē)을 단순히 기억에 의존하고 기억의 무비판적 재생과 활용을 요구하는 소피스트적 수사학으로부터 격리시키는 극적 장치로 이해될 수도 있다.

25 상기 : 주석 24 참고.

26 어렵지 않습니다 : 앞서(70b) 고르기아스가 테살리아인들에게 심어 놓았다고 하는 습관에 따라 메논은 당당하고 대범하게 답변하고 있다. 하지만 메논은 아직 '탁월함이 무엇인가?'라는 소크라테스의 질문에 답변하는 것이 얼마나 어려운 일인지를 깨닫지 못하고 있다. 이후 대화에서 소크라테스는 메논의 확신을 무너뜨리고 무지의 자각을 바탕으로 탁월함 자체의 인식을 향해 부단히 노력하도록 촉구한다.

27 난관(aporia) : 어원적으로 '길이 막혀 있는 상태'를 뜻하는 'aporia'는 '난관', '어려움', '결핍' 등을 의미한다. 반대말로는 '길이 잘 뚫린 상태'를 뜻하는 'euporia'가 있고, 이것은 '(난관과 문제의) 해결', '용이성', '호기', '풍요' 등을 의미한다. 플라톤과 아리스토텔레스는 철학의 시원이 경이(thaumazein)에 있고, 경이는 모순 상황에 직면하여 우리가 불가피하게 경험하는 'aporia'로부터 유래한다고 말한다(『테아이테토스』 155d, 『형이상학』 982b). 특히 소크라테스의 문답법과 엘렝코스(비판적 검토)에서 'aporia'는 '무엇인가?'를 반복하여 묻고 또 주어진 대답을 반복하여 논파하면서 '무엇인가?'가 묻는 사태 자체에 가깝게 도달할 수 있는 길을 열어 주는 철학적 탐구의 관문이다. 플라톤은 우리의 경험적 확신에 근원적으로 뿌리박혀 있는 논리적 모순과 혼란에 대한 지각, 즉 'aporia'로부터 인식을 향한 영혼의 전환과 비상을 강조한다.

28 열등함(kakia) : 여기서 'kakia'는 '탁월함'과 대비되므로 '열등함'으로 옮겼다. 'agathon'과 'kakon/kakia'의 번역에 대해서는 주석 2, 주석 40 참고.

29 하나의 탁월함(mian aretēn) ⋯ 한 무리(smēnos ti)의 탁월함들 ⋯ 말일세 : 메

110

논이 탁월함 자체와 탁월함의 사례들을 혼동한 것을 소크라테스는 반어적으로 말하고 있다. 양자의 혼동은 플라톤의 대화편들에서 자주 등장한다. 소크라테스의 입장에서 보면, 이러한 혼동은 '무엇'에 대한 메논의 몰이해에서 유발된 것이다. 그러나 고르기아스의 경험주의와 회의주의에 경도된 메논의 입장에서 보면, 이러한 혼동은 ― 결코 알 수 없는 초경험적 본질을 인식하도록 요구하는 소크라테스의 합리주의를 수용할 수 없는 ― 그 자신의 철학적 입장에서 불가피하게 그리고 의도적으로 유발된 것일 수도 있다. '하나의 탁월함'에서 '하나'는 생성된 수 '하나'가 아니라 모든 수의 생성 원리이자 각각의 하나들을 측정하는 단위(unit)로서의 '하나'이다. 따라서 '하나의 탁월함'은 많은 탁월함들 가운데 '하나'가 아니라 각각 '하나'인 탁월함의 사례들을 '하나'로 파악할 수 있는 근거로서의 '하나'이다.

30 본질(ousia) : 'ousia'는 'einai' 동사의 현재분사('ont-')에서 파생된 추상명사이다. 플라톤에게 'einai'는 일차적으로 '~이다', '어떤 (규정된) 것이다'를 의미한다. 따라서 탁월함의 'ousia'란 '탁월함의 그것임'(to aretē einai)이라는 의미에서 탁월함의 '규정성'으로 번역 가능하다. 그런데 여기서 '탁월함임'이라는 표현의 사용에는 하나의 중요한 철학적 구별이 전제되어 있다. 한편으로 탁월함에 대해 '그것이지 않다'가 서술되지 않고 항상 '그것이다'가 서술되는 경우가 있고, 다른 한편으로 '그것이다'라고 서술될 때 항상 '그것이지 않다'가 동시에 서술되는 경우가 있다. 전자에서 서술되는 것은 탁월함인 한에서 오직 탁월함에 일차적–근원적으로 속하는 성질이고, 후자에서 서술되는 것은 탁월함이 다른 것 속에 현상하는 한 탁월함이 부수적–이차적으로 겪게 되는 성질이다. 플라톤은 전자와 후자의 성질을 각기 'ousia'와 'pathos'로 명명한다. 따라서 여기서는 'ousia'를 '일차적–근원적 성질'이란 의미에서 '본질'로 옮겼다. 물론 '규정성'의 의미를 함께 떠올리며 'ousia'를 읽는 것이 바람직하다. 'einai'를 '존재하다', '있다'로 볼 경우 '오직 본질만이 실제로 있다'는 의미에서 '실체'로 번역하는 경우도 있으나, 'einai'의 존

재론적 용법이 플라톤의 철학적 논변에서, 또는 최소한 『메논』의 논의에서 주된 것이 아니기 때문에 '실체'라고 번역하는 것은 부적절하다.

31 벌들인 점에서(tōi melittas einai) : 명사화된 부정사 표현으로 부정사(einai)의 주어는 '벌들'이다. '벌들은 벌들이다'라는 명제는 논리적으로 볼 때 공허한 동어반복이지만, 플라톤 철학의 맥락에서는 모든 벌들이 그 본질의 측면에서 동일하다는 것을 주장하는 동일성 명제이다.

32 모든 벌들이 … 주장하는 것인가? : 직역하면 '어떤 점에서 모든 벌들이 결코 다르지 않고 동일한 것이라면, 자네는 그 점이 뭐라고 주장하는 것인가?'이다.

33 형상(eidos) : 'eidos'는 'idea'나 'eidenai'와 마찬가지로 '보다'를 의미하는 어근 'Fid'(위드)에서 파생된 개념으로, 일차적으로 '보이는 것'을 의미한다. '보이는 것'에는 감각 경험을 통해 보이는 것과 지성을 통해 보이는 것이 있다. 'eidos'는 이 두 가지 다 포함하고 있고, 특히 전자의 경우 '외형', '외모', '현상'으로, 후자의 경우 '형상'으로 번역된다. 여기서는 감각 경험을 통해 알 수 없는 지적 인식의 대상으로서 탁월함의 '형상'을 가리킨다. 80a에서는 '외모'라는 의미로 사용된다. 많은 학자들은 『메논』에서의 형상을 『파이돈』과 『국가』와 같은 중기 대화편들에서의 형상과 근본적으로 구별하지만(가령, Bluck(1961), p. 224), 플라톤에서 'einai'가 일차적으로 '있다'(exist)가 아니라 'ti einai'('어떤 규정된 것이다', '어떤 것으로 규정 또는 한정되어 있다')를 의미한다면 사실 양자 간에 본질적 차이는 없다.

34 주목함으로써(apoblepsanta) : 플라톤은 '어떤 것'(ti)을 '규정된 어떤 것'(to peperasmenon)으로 인식할 때 우리가 바라봐야 할 일종의 인식 지표, 즉 표본(paradeima)으로 형상을 설명하고 있다(『에우튀프론』 6e, 『고르기아스』 503e, 504d, 『국가』 501b). 표본으로서 형상은 파리에 있는 표준시계(standard clock)처럼 많은 시계들 가운데 시간 측정의 오차를 가장 최소화할 수 있는 가장 뛰어난 시계가 아니다. 형상을 개별자들 가운데 가장 뛰어난 개별자로 볼 경우, 유명한 '제3인간 논변'이 제기된다. 물

론 표본과 표본에 근접하는 사례들 간의 분리(chōrismos)를 전제하고서 양자의 관계를 설명하는 것은 플라톤 철학에 있어서 중요한 난제이다.

35 **탁월함인**(ho tynchanei ousa aretē) : 다시 탁월함의 무모순적-자기동일적 규정성이 강조되고, 탁월함이면서 탁월함이 아닌 것이 아니라 항상 탁월함인 것만이 진정한 의미에서 인식될 수 있는 것이라는 사실이 함축적으로 주장되고 있다.

36 **당신께서 묻고 계신 것을**(erōtōmenon) … **아직 파악하지 못했습니다** : '당신께서 묻고 계신 것'은 '질문되고 있는 것'을 의미하는 'erōtōmenon'을 옮긴 것이다. '질문되었던 것'(erōtēthen)과의 차이를 염두에 두면, 여기서 메논은 소크라테스의 어떤 특정한 질문을 염두에 두고 있는 것이 아니라 소크라테스 주도로 지금까지 이루어진 대화 전반의 요지를 거론하고 있는 것이다(Thompson(1901), p. 81). 그렇다면 '원하는 만큼 아직 파악하지 못했습니다'는 형상과 그 사례들의 구별을 통한 논의가 고르기아스와 친숙한 메논에게 매우 낯설다는 것을 의미할 것이다. 모든 벌은 서로 비슷한 반면에 여자의 탁월함과 남자의 탁월함은 전혀 다른 것으로 생각하는 것이 통상적이었기 때문에 메논이 이해의 어려움을 겪고 있는 것이라는 해석도 있다(Bluck(1961), p. 226).

37 **건강과 큼**(megethos)**과 힘** : 플라톤은 『파이돈』(65d~e)에서 이 세 예들을 다시 언급하는데, 특히 건강과 큼과 힘의 본질이 감각지각의 대상이 아니라 사유(dianoeisthai)의 대상임을 강조하면서 그것들의 본질을 — 이것은 다른 것에 나타나는 것이 아니라 그 자체가 그 자체로부터 규정된 것이기 때문에 경험을 통해 알 수 없다 — 개별 사물들 속에 내재된 건강과 큼과 힘 — 이것들은 우리가 경험을 통해 어느 정도는 알 수 있는 것들이다 — 과 엄격하게 구별한다. 그러나 이런 구별로부터 『메논』에서의 '큼'이 아직 진정한 의미의 큼의 본질로서 파악되지 못하고 남자나 여자와 같은 개별 대상에 내재된 큼으로 간주된다는, 이 때문에 플라톤은 『파이돈』에서 소크라테스로부터 물려받은 『메논』 단계의 내재적 형상을 신중하게 거부한다는 해석(Bluck(1961), p. 227)이 따라 나오

는 것은 아니다. 물론 플라톤은 '큼 자체'와 '다른 사물 속의 큼'을 구별하지만, 이 구별은 『파이돈』에서뿐 아니라(102d. 또한 103b 참고) 『메논』에서도 등장한다. 『메논』에서 건강이나 큼은 다른 것, 즉 남자나 여자에 나타나는 한 그런 개별 대상에 속하는 것으로도 언급되면서 그 자체가 그 자체로부터는 '어디에서든 동일한 형상'(72d)으로도 언급된다. 무엇보다도 여기서 중요한 것은 '큼'과 '개물 속의 큼'의 구별에서 플라톤이 개물 너머에 일종의 실체로 존재하는 이데아와 개물 안에 내재적으로 존재하는 이데아를 구별하는 것이 아니라, 큼인 한에서 큼에 속하는 본질과 남자나 여자에 나타나는 한에서 큼에 속하는 성질들을 구별한다는 것을 이해하는 것이다.

38 적어도(gē) : 사본 B, T, W는 'te'로 읽지만, 우리는 버넷에 따라 'gē'로 읽었다.

39 이것은 … 앞의 경우들과 … 비슷한 것 같지가 않습니다 : '이것'은 탁월함, 그리고 '앞의 경우들'은 큼, 힘, 건강을 가리킨다. 탁월함뿐 아니라 건강이나 큼 등도 각각에 포섭되는 모든 사례들에 공통적인 보편적 본질을 지닌다는 소크라테스의 주장에 메논은 정면으로 도전한다. 메논은 건강의 경우 그것이 어느 것에 나타나든 같지만, 탁월함의 경우 그것이 어느 것에 나타나느냐에 따라 각기 다르다고 생각한 것으로 보인다.

40 뛰어난(agathoi) : 그리스어의 'agathon'은 '유능함', '훌륭함', '뛰어남'을 의미하고, 그런 점에서 우리가 '탁월함'으로 번역한 'aretē'와 거의 같은 의미를 갖는다(주석 2 참고). 앞으로 'agathon'은 문맥에 따라 '좋은'이나 '뛰어난'으로 번역할 것이다. '나쁜'이라는 의미의 'kakon'과 대비될 경우에는 '좋은'으로(가령 77b6 이하), '열등한', '무능한', '못난'이라는 의미의 'kakon'과 대비될 경우에는 '뛰어난'으로 옮길 것이다(87d2 이하). 그런데 '좋은'과 '나쁜' 간의 대비 속에도 '뛰어난'과 '열등한' 또는 '못난' 간의 대비가 의미상 포함되어 있음에 유의할 필요가 있다.

41 상기해서 말해 보도록 하게(peirō eipein kai anamnēsthēnai) : 사건 진행의 시간적 순서를 바꿔서 표현하는 소위 'hysteron proteron'(더 뒤의 것을 더

먼저)의 경우이다. 본격적으로 상기론이 도입되기 이전에 '상기' 개념이 두 번째로 등장한다. 주석 24, 25 참고.

42 모든 사람들에 적용되는(kata pantōn) : 'kata pantōn'은 탁월함 자체, 즉 탁월함의 형상과 본질의 보편성을 표현한다. 형상의 보편성을 표시하는 개념으로 플라톤은 'dia pantōn'(74a), 'epi pasin'(75a)을 사용한다. 'dia pantōn'은 '모든 것을 꿰는', 'epi pasin'은 '모든 경우에 걸쳐'로 번역할 것이다. 메논의 대답은 보편성을 충족시키지 못한다는 점에서 바로 소크라테스에 의해 비판된다.

43 아이와 노예가(hoiō) 가장(tou despotou)을 지배할 수 있는 것 : 사본 W와 버넷에 따라 읽었다. '아이와 노예가'는 양성을 지시하는 'hoiō'을 옮긴 것이고, '가장'(家長)은 또한 '주인'을 의미하는 'despotēs'를 옮긴 것이다. '노예'와 '주인' 사이에는 분명한 관련성이 있지만 '아이'와 '주인'의 연관성이 불분명하므로, '아이'와 '노예' 둘 모두와 관련될 수 있는 번역어로서 '가장'을 선택하였다.

44 아이의 탁월함도 노예의 탁월함도 … 이게 그들의 탁월함인가? : 직역하면 '아이의 탁월함도 노예의 탁월함도 동일한 것, 즉 아이와 노예가 가장을 지배할 수 있는 것인가?' 이 문장을 두 부분으로 나누어 번역했고, 자연스런 이해를 위해 뒷부분에는 '이게 그들의 탁월함인가?'를 첨가하였다.

45 탁월함(aretē) … 탁월함의 일종(aretē tis)인가? : 메논은 탁월함의 본질에 대한 소크라테스의 질문에 대해 처음에 탁월함의 사례들 — 남자의 탁월함, 여자의 탁월함 — 을 제시했고, 소크라테스는 여기서 메논으로 하여금 탁월함의 종류들을 제시하도록 유도한다. '정의'와 같은 탁월함의 종류는 남자나 여자 외에도 더 많은 개별자들에서 현상하므로 탁월함의 사례들보다는 보다 보편적이지만, 여전히 각기 하나인 다른 탁월함들 가운데 하나인 점에서 소크라테스가 요구하는 정의(definition)의 기준을 충족시키고 있지는 않다. 메논은 탁월함의 개별적 사례들과 개별적 종류들을 거치면서 더 높은 보편성과 일반성에 점진적으로 도달

하지만, 소크라테스가 요구하는 보편성은 탁월함의 사례나 종류들 '모두에' 공통되게 적용되는 '탁월함'이다. 소크라테스가 이와 같이 보편성의 단계를 나누는 데에는, 후에 아리스토텔레스에서 보다 명확하게 표현되는 다음과 같은 인식론적 전제가 깔려 있다(Sharples(1985), p. 129): "플라톤에게 가장 보편적인 것, 혹은 계층의 정점에 가장 근접해 있는 것이 덜 보편적인 것보다 더 잘 인식될 수 있다."

46 무슨 말씀을 하시는 겁니까? : 메논은 '탁월함'과 '탁월함의 일종'을 언어적으로 구별하는 것에 대한 이해의 어려움을 토로한다. 아리스토텔레스는 『분석 후서』 A1에서 '모든 둘'과 '어떤 둘'을 구별하는 가운데 소위 『메논』에서의 난제'를 해결할 때, 소피스트들에게 이 구별은 애초부터 무의미하다는 것을 지적한다. 왜냐하면 그들이 말하는 '둘'은 우리가 경험을 통해 아는 한에서의 '둘', 즉 개별적 '둘'이기 때문이다(『분석 후서』 71a31~34). 자세한 것은 이상인(2008) 참고.

47 둥긂(strongylotēs) : 'strongylotēs'는 플라톤 대화편들을 통틀어 유일하게 여기서 한 번 쓰인다. '둥긂'은 둥근 형태, 즉 원형의 일종이 아니라 원형의 속성이라는 점에서 소크라테스의 주장이 부정확한 것처럼 보인다. 소크라테스의 주장을 정확하게 전달하기 위해서는 '원형' 정도로 번역하는 것이 맞겠으나, 다른 해석의 가능성을 열어 놓기 위해 글자 그대로 '둥긂'으로 옮겼다.

48 형태(schēma) : 일반적으로 기하학적 '도형'(figure)이나 '형태'(shape)로 번역된다. 82b 이하에서 사용되는 'chōrion'(면적이나 면적에 의해 한정된 형태)은 '도형'으로 옮기고, 'schēma'는 '형태'로 번역할 것이다.

49 그렇게 : 방금 전에 메논이 '정의는 탁월함이니까요'라고 말하듯이.

50 정 그러시다면 말씀드리죠(toinyn) : 'toinyn'은 통상 '그러므로', '따라서'를 의미하지만, 대화에서는 앞서 제기된 질문에 대한 대답을 끌어들이기 위해 사용되기 때문에 상황에 맞게 약간 고쳐 번역하였다.

51 대범함(megaloprepeia) : 70b에서 테살리아인들의 성품으로 언급되었다.

52 가까이 가도록 : 버넷은 '앞으로 나아가다'를 의미하는 'probibasai'로 읽

지만, 우리는 '가까이 가다'를 의미하는 'prosbibasai'로 읽었다. 버넷은 사본 W, F가 전자로, B, T가 후자로 읽는다고 적고 있지만, W, F, B, T 모두 후자로 읽는다. 이 구절은 플라톤의 엘렝코스(비판적 검토)의 목표가, 나중에 메논이 소크라테스를 '전기가오리'에 비유하면서 그의 문답법의 소극성과 파괴성을 신랄하게 지적하는 것처럼, 개인의 확신(doxa)을 제거하는 데 있지 않고, 확신들의 맹목성과 자의성을 반복적으로 폭로하는 과정을 통해 점진적-적극적으로 사태 자체의 인식에 근접하는 데 있다는 것을 보여 주는 대표적 구절이다.

53 무엇인지를(hoti) : 바로 앞에서(74c) 소크라테스는 '어떤 것들'(hopoia)을, 즉 모든 형태들에 공통되는 하나의 본질이 아니라 형태의 종류들을 묻는다. 반면 여기서 소크라테스는 다시 '그것이 무엇인가?'라는 질문을 던진다. 소크라테스는 두 종류의 질문에 대해 동일하게 답해서는 안 된다는 것을, 결국 메논이 '힘'이라고 답변하는 것이 잘못된 것임을 함축적으로 시사하고 있다.

54 힘과 마찬가지로(ouden hētton) 색깔들인 : 직역하면 '힘이 색깔인 것보다 덜 색깔이지 않은', '힘 못지않게 색깔들인'이다.

55 곧은 것(to euthy)과 마찬가지로 둥근 것(to strongylon)을 : 직역하면 '곧은 것 못지않게 둥근 것을'. 'to euthy'와 'to strongylon'은 『파르메니데스』에서 각기 '직선'과 '원'의 의미로 사용된다(137e). 그러나 소크라테스가 말하는 '형태'란 입체의 한계, 즉 면이고, 면은 항상 면을 경계 짓는 선에 의해 둘러싸이며, 면의 안과 밖은 항상 선을 통해 경계 지어져야 하는 것이기 때문에, 직선은 엄밀한 의미의 '형태'가 아니다. 따라서 여기서 'to euthy'와 'to strongylon'을 '직선'과 '원'이 아니라 '곧은 것'과 '둥근 것'으로 옮겼다. 이 경우 '곧은 것'은 곧은 직선들에 의해 경계 지어지는 형태 — 에우클레이데스는 이러한 형태들을 '직선적 형태들'(schēmata euthygramma)로 지칭한다(『원론(Elementa)』 I, 정의 19) — 를 가리키는 것으로 보인다(Klein(1965), pp. 57~58 참고).

56 곧은 것이 형태인 것처럼 둥근 것이 형태라고 : 직역하면 '둥근 것이 곧은

것보다 더 많이 형태이지 않다고'이다.

57 그때 : 곧은 것이 형태인 것처럼 둥근 것이 형태이고, 그리고 함축적으로 둥근 것이 형태인 것처럼 곧은 것이 형태라고 주장할 때.

58 둥근 것이 곧은 것처럼 둥글고 : 직역하면 '둥근 것이 곧은 것보다 더 많이 둥글지 않고'이다. 앞서 둥근 것도 형태고 곧은 것도 형태라는 것이, 그래서 둥근 것과 곧은 것은 '형태인 점에서' 같다는 것이 동의되었다. 그런데 메논은 '형태인 점에서'와 같은 특정 측면을 무시하고 둥근 것과 곧은 것이 같다고 잘못 추론할 수 있다. 소크라테스는 아마도 이와 같은 소피스트적 오류 추리를 차단하기 위해 이런 말을 하는 것으로 보인다. 만약 소크라테스의 이 의도를 고려하면, '둥근 것이 곧다/둥글다'와 '곧은 것이 둥글다/곧다'는 명제는 '둥긂'이나 '곧음'과 같은 둥근 것과 곧은 것의 속성을 진술하는 서술 명제라기보다는 주어와 술어의 동일성을 진술하는 동일성 명제이다. 그렇다면 '둥근 것이 곧은 것처럼 둥글다'는 '둥근 것이 곧은 것인 것처럼 둥근 것이다'로 바꿔 쓸 수 있다. '어떤 것 A가 A이면서 Ā이다'는 사유 불가능한 모순명제이고, 이는 메논이 둥근 것과 곧은 것의 동일성을 '형태인 점에서'라는 한정을 배제한 채 단적으로 주장할 경우 따라 나올 수 있는 가능한 논리적 귀결이다. 물론 메논은 곧이어 "절대 그렇지 않습니다"라고 말하면서 이 귀결을 거부한다. 이로써 『에우튀데모스』에 등장하는 궤변 논리는 여기서 더 이상 연출되지 않는다.

59 곧은 것이 형태인 것처럼 둥근 것이 형태이고 : 즉, 둥근 것은 곧은 것과 형태인 점에서 같고.

60 그 반대도 마찬가지라는 게 : 직역하면 '이것(둥근 것)이 형태인 것처럼 저것(곧은 것)이 형태라는 게'이다.

61 자네에게 호의를 베풀기를(charizesthai) 원하는가? : 소크라테스가 젊고 매력적인 메논의 호감을 얻기 위해 메논보다 먼저 대답하는 것이므로, '자네에게 잘 보이기를 바라는가?' 정도로 이해해도 무방하다. 젊음과 아름다움을 빌미로 '참주'처럼 일방적으로 명령하는 메논의 성격에 대

해서는 76b~c 참고.

62 **그럴 만한 일이니까** : 소크라테스 자신이 먼저 답변함으로써 메논에게 호의를 베풀고 잘 보일 수 있을 뿐 아니라 메논의 대답을 들을 수도 있기 때문에 그럴 만한 가치가 있는 일이라고 말한다.

63 **사물들(onta)** : 'einai'를 '있다'로 번역할 경우, 두 가지 의미를 구별해야 한다. 하나는 질료와 형상의 합성적 존재, 즉 실존(existence)이고, 다른 하나는 일정한 한계(peras) 속에서 항상 동일한 것으로 한정되어 있는 형상의 규정적 존재이다. 『파이돈』에서 플라톤은 두 종류의 'onta'를 말하는 데, 하나는 '보이는 것'(horata) 이고 다른 하나는 '보이지 않는 것들'(aides, ahorata)이다(79a 이하). 'horata'는 볼 수 있는 '사물들'이고 '합성적 존재'라는 의미에서 '있는 것들'이며, 'ahorata'는 볼 수 없는 '형상들'이고 '규정적 존재'라는 의미에서 '있는 것들'이다. 여기서 말하는 'onta'는 전자에 해당하므로 '사물들'로 번역하였다. 'onta'가 '규정적 존재'의 의미로 사용될 경우에는 '있는 것들'로 옮겼다(86b).

64 **만족할 것이기 때문이네** : 소크라테스는 형태가 색깔에 뒤따르는 것이라고 대답하는 것처럼 메논이 탁월함이 인식에 뒤따르는 것이라고 대답한다면 만족할 거라고 말하는 것이다(Klein(1965), p. 60).

65 **순진한(euēthes)** : 메논이 이어서 말하는 것처럼, 동의되지 않은 것을 정의에 사용하는 태도의 소박함을 말한다.

66 **아마도(pou)** : 앞에서의 소크라테스의 규정을 글자 그대로 옮기고 있는 상황에서 '아마도'라는 말은 뭔가 부자연스러워 보인다. 아마도 소크라테스의 정의에서 사용된 'chrōma'를 메논이 'chroa'로 바꾼 것과 관련이 있는 듯이 보인다.

67 **색깔(chroa)** : 메논은 'chrōma'를 또한 '색깔'을 의미하는 'chroa'로 대체한다. 소크라테스도 잠시 후에(76d4) 메논과 마찬가지로 'chroa'로 말한다. 그리고 76a에서 '형태'를 '입체의 한계'로 재정의한다. 그런데 아리스토텔레스는 "색깔(chrōma)은 한계(peras) 속에 있거나 한계이다. 그때문에 피타고라스주의자들은 면(epiphaneia)을 색깔(chroia)이라 명명

했다"(『감각론(de sensu et sensato)』 439a30)고 전한다. 그리고 에우클레이데스는 '면'(epiphaneia)을 '입체의 한계'(stereou peras)라 정의한다(『원론』 XI, 정의 2). 두 사람의 증언을 종합해 보면, 76a에서의 소크라테스의 정의는 'chrōma'에 대한 기하학적 규정인 셈이다.

68 색깔(chroa)을 안다고 주장하지 않고 : 맹인이나 색맹을 제외하고는 누구나 쉽게 색깔을 알 수 있다. 메논은 특히 맹인이나 색맹의 무지를 염두에 두고 말하는 것 같지는 않다. 정의항(definiens)으로 사용된 '색깔'이 무엇인지에 대한 앎을 부인하는 일반 사람들을 말하는 것으로 보인다.

69 지혜로우면서도(sophoi) : 여기서 지혜는 소피스트들의 지혜를 가리키므로 'sophoi'를 '지혜로운'보다는 부정적 의미가 강한 '영리한'(clever)으로 옮길 수 있다.

70 논쟁적일 뿐(eristikoi) 아니라 경쟁적이기도(agōnistikoi) : 소피스트의 탐구 방식은 경쟁과 승리 자체를 목표로 한다는 점에서 '논쟁술'(eristikē)과 '경쟁술'(agōnistikē)로 일컬어지며, 진리의 추구를 목표로 하는 문답법(dialektikē)과 엄격히 구별된다.

71 비판적으로 검토하는 것(elenchein) : 엘렝코스(elenchos)를 '비판적 검토'로 옮기는 것에 대해서는 '작품 해설' 참고.

72 미리 동의하는(prohomologein) : 사본 B, T, W에 따라 버넷은 '~에 동의하다'를 의미하는 'proshomologein'으로 읽는다. 소크라테스가 여기서 어떤 질문에 대해 답변을 제시하기 전에 답변에 사용되는 개념들에 대해 사전 동의와 합의가 이루어져야 함을 강조하고 있다는 점에서 우리는 게디케(F. Gedike)에 따라 'prohomologein'으로 읽었다. 79d2~3 참고.

73 '끝'을 '어떤 것'(ti)으로 부르는가? : 'ti'는 부정대명사로서 '어떤 규정된(한정된) 것'(etwas Bestimmtes)을 가리킨다. 플라톤은 이 개념을 자주 '아무것도 아닌 것'(ouden, mēden), 즉 '아무런 규정이나 한정을 갖지 않는 것'과 대비시킨다(『국가』 476e, 478b~c, 『파이돈』 65d, 74a). 이 문장을 'hopoion ti'(71b, 87b, 97b), 'poion'(80d), 'hopoia'(82e), 'poion ti'(86e), 'hoion'(95a) 같은 의문사에 의해 유도되는 의문문으로 잘못 읽을 수 있

는 소지가 있기 때문에 여기서는 'ti'를 옮길 때 작은따옴표를 찍어 표기하였다. 이 물음은 특정 주제에 관한 대화를 시작하면서 소크라테스가 자주 제기하는 문답법의 전형적인 질문이고, 『메논』과 다른 대화편들에서도 자주 제기된다(『메논』 75e, 76a, 76d, 88a, 『프로타고라스』 330d, 『파이돈』 64c, 65d 등). 이 질문을 통해 플라톤은 '끝'은 항상 어떤 (규정된) 것이고 동시에 다른 것이 아니라는 모순율을 문답법적 인식과 탐구의 근본원리로 정립한다. 가령, 엘렝코스(비판적 검토)의 경우 우리의 어떤 확신(doxa)이 옳은지 그른지는 오직 우리가 '어떤 (규정된) 것'(ti)을 말하는지 말하지 않는지에 따라 판단될 수 있는 것이다(『소피스트』 230b). 모순율이 자명하게 참으로 수용되듯이, 소크라테스는 매번 이 질문에 대한 신속하고도 무제한적인 동의에 도달한다. 왜냐하면 그것은 자명한 것, 근원적인 것에 대해 묻기 때문이고, 가장 자명하고 가장 확실하고 가장 먼저 우리가 알 수 있는 것은 바로 모순율이기 때문이다. 대부분 이 압축적이면서 함축적인 질문은 다음과 같이 잘못 번역된다(가령, Bluck(1961), p. 248): "끝과 같은 것이 존재한다고 말하는가?" 이것은 언어적으로는 소크라테스의 철학적 의도를 왜곡시키는 번역이고, 논리적으로는 선결문제요구의 오류를 범하고 있다(Schmitt(1999), p. 42). "끝'이 있다"에 대한 의미 있는 언명은 "끝'이 어떤 (규정된) 것이다"가 논리적으로 전제되었을 때 비로소 가능한 것이다. 이 세상 어디에도 삼각형이라는 기하학적 형태는 존재하지 않지만, 우리는 삼각형을 '어떤 (규정된) 것'(aliquid esse)인 한 그것이 '있다'고 말할 수 있다. 모든 경험이나 사유는 '그것이 어떤 (규정된) 것이다'를 전제하고 있다. "끝'을 어떤 것으로 부르는가?"와 같은 질문도 이러한 사유의 전제를 원칙적으로 확인하는 질문이고, 이로써 문답법적 탐구의 출발점을 이룬다. 또한 주석 20 참고.

74 프로디코스 : 케오스 출신의 소피스트(기원전 약 470/460년~399년 이후). 단어의 의미의 차이를 이용해 문답법을 궤변 논리로 훼손시킨 대다수의 소피스트들과 달리 프로디코스는 뜻이 비슷한 단어들을 연구했

고, 그가 그것들의 상이한 의미들을 엄밀하게 구별하고 정의했다는 점을 플라톤은 대화편들을 통해 여러 번 밝히고 있다(『프로타고라스』 315d, 337a~338b, 341a~d, 358a, 『라케스』 197d, 『카르미데스』 163d, 『에우뛰데모스』 277e).

75 다를 수 : 정의에 사용되는 개념들을 구별하고 명명하는 데 있어서 다를 수.

76 그와 같은 것을 … 어떤 복잡한(poikilon) : 'poikilon'은 '다채로운', '복잡한', '난해한' 등을 의미한다. 앞의 '그와 같은 것'을 '그렇게 단순한 것'의 의미로 보고서, '복잡한 것'으로 번역하였다. 여기서 '단순한 것'은 모순율처럼 누구나 자명하게 동의할 수 있고 누구나 쉽게 알 수 있는 것을 말한다(주석 73 참고). 만약 '그와 같은 것'을 '그렇게 쉬운 것'의 의미로 이해할 경우, '난해한 것'으로 번역하는 것도 가능하다.

77 그야 저는 : 프로디코스는 다를 수 있더라도 저는.

78 기하학들(geōmetriai) : 소크라테스는 평면기하학이나 입체기하학과 같은 기하학의 종류들을 염두에 두고 있기 때문에 '기하학'을 복수로 표현한다. 기하학의 분류에 대해서는 『국가』 528a~d 참고.

79 즉(hoion), 기하학들에서 고찰하는 그런 것들 말일세 : 'hoion'은 (1)'바로 … 처럼', (2)'예를 들면', (3)'즉', '말하자면' 등을 의미한다. 바로 앞에서 평면과 입체와 같은 기하학적 대상들을 이미 언급했기 때문에, 이 문장에서 그것들을 소크라테스가 다시 기하학적 대상들과 비교하는 것으로 보거나((1)의 의미) 기하학적 대상의 예들을 나열하는 것으로 보는 것은 ((2)의 의미) 문맥상 부자연스럽다. 따라서 여기서는 앞의 문장에서 언급된 입체와 평면이 기하학에서 고찰하는 대상들이라는 것을 부연 설명하는 것으로 이해하고, (3)의 의미로 번역하였다. 대부분의 번역은 (2)의 의미로 옮기고, 슐라이어마허의 독역은 (1)의 의미로 옮긴다.

80 입체의 한계(stereou peras) : '형태'에 대한 첫째 정의는 동의되지 않은 '색깔' 개념을 정의항(definiens)으로 사용했다는 점에서 메논의 이의 제기에 직면하지만, 이번에는 '한계', '입체'와 같은 미리 동의된 개

념들을 정의항으로 사용함으로써 메논의 비판에서 벗어난다. 하지만 사전에 동의된 개념들을 사용한다 하더라도, 이 정의는 다른 측면에서 첫째 정의와 마찬가지로 비판될 수 있다(Sharples(1985), p. 134). 첫째 정의에서 소크라테스는 '형태'에 논리적으로 후행하는 '색깔' 개념을 사용하고 있다. 그리고 둘째 정의에서는 그는 물론 유개념으로서 '한계' 개념을 사용하지만, 본성적으로 선행하고 미리 동의된 개념들을 사용하지 않고 형태의 일종이고, 결과적으로 형태에 논리적으로 후행하는 '입체' 개념을 추가적으로 사용한다. 이것은 아리스토텔레스가 말하는 정의의 원칙을 위배한 것이다. 따라서 형태에 대한 소크라테스의 두 정의는 형태의 본성을 드러내는 정의가 아니다. 그리고 또 한 가지 이해하기 힘든 것은 '입체의 한계'라는 정의는 형태 일반에 대한 정의가 아니라 이차원적 형태, 즉 '평면'(epipedos)에 대한 정의라는 점이다. 아리스토텔레스에 따르면, 피타고라스주의자들은 평면(epipedos)을 '입체의 한계'로 정의했다고 한다(『형이상학』 1090b5. 또한 1028b15 참고). 따라서 아리스토텔레스는 『토피카』에서 좋은 정의의 원칙을 말하면서 바로 이 정의를 비판하고 있다. 사실 정의의 원칙의 위배는 차치하고라도, 당시 피타고라스학파 수학에 정통한 플라톤이 '입체의 한계'가 '형태 일반'에 대한 정의라고 말했다고 믿기는 어렵다. 플라톤이 도대체 어떤 취지에서 '형태'를 이렇게 정의한 것일까? 우리는 여기서 한 가지 점을 추측해 볼 수 있다. 만약 플라톤이 '입체의 한계'라는 것을 정확히 이해하고서 말한 것이라면, 그는 '형태'를 2차원적 (평)면으로서의 기하학적 형태에 한정해 언급하고 있다고 할 수 있다. 소크라테스가 『국가』 528b에서 입체기하학이 기하학의 일부로 체계적으로 정립되지 않고 있다고 말하는 것도 이 점을 뒷받침해 주고 있다(Thomas(1980), p. 101 이하 참고). 물론 소크라테스가 바로 앞에서 '모든 형태에 대해서'(76a5)라고 말하는 것은 이런 추측의 신뢰성을 떨어뜨리지만, 플라톤의 둘째 정의의 목적이 '색깔'을 통한 첫째 정의의 명료화에 있다고 가정한다면, 이 추측도 불가능한 것은 아니다. 그런데 관건은 이것이다. 두 가지 정의 간에 어떤 내용적 대응이 있는가? 대응이 있기 위해서는 '색깔에 수반되는 것'이라는 규정이 '입체의 한계'라는 규정과 내용적 상관성을 가져야 한다. 그러나 양자 간의 어떤 일치를 쉽게 발견할 수 없다. 다만 한 가지 단서가 있다면 '색깔'을 의미하는 'chrōma'를 메논과 소크라테스가 다시 '면', 또는 '(표면에 나타나는 가시적) 색깔'을 의미하는 'chroa'와 동일한 개념으로 받아들인다는 것이다. 만약 이것이 우연이 아니라면, 메논과 소크라테스는 여기서 아마도 'chrōma'와 'chroa'의 일상적 의미가 아닌 기하학적 의미를 염두에 두었을 것이다. 'chrōma'를 '(평)면'이라는 기하학적 의미를 가진 것으로 볼 수 있는 가능성은 사실 매우 희박하므로, 두 사람은 'chrōma' 개념을 그것의 기하학적 의미를 좀 더 분명히 잘 드러낼 수 있는 'chroa' 개념으로 대체했다고 볼 수 있는 여지는 있을 수 있다. 사실 피타고라스주의자들은, 아리스토텔레스에 따르면, 색깔(chrōma)은 한계(peras) 속에 있거나 한계이기 때문에 — 입체를 한계 짓는 이차원적 — '면'(epiphaneia)을 색깔(chroia)이라 명명했다(『감각론』 439a30). 만약 정의항으로서 'chroa'를 '면'이라는 기하학적 의미로 이해했다면, 소크라테스가 '면(chrōma)에 수반되는 것'이라는 첫째 정의를 둘째 정의에서 기하학적으로 더욱 명확하게 '입체를 한계 짓는 것'으로 재정식화했을 것이다. 만약 이 추측이 옳다면, 곧이어 나오는 메논의 질문(76a8)은 사실 불필요한 것이다. 왜냐하면 '색깔'이 무엇인지를 이미 '입체의 한계'라는 것을 통해 해명했기 때문이다. '형태'(schēma)와 '색깔(chrōma)'의 연관성을 이해하기 위해서는 "형태(schēma)는 어떤 경계나 어떤 경계들에 의해 둘러싸인 것이다"라는 에우클레이데스의 정의(『원론』 I, 정의 14)와 "색깔(chrōma)은 한계 속에 있거나 한계이다"라는 피타고라스주의자들의 주장을 비교해 보는 것도 유용할 것이다.

81 그렇다면 색깔을 무엇으로 말씀하시는 겁니까 : '색깔' 개념을 사용한 첫째 정의에서 문제 된 것은 동의되지 않은 것을 사용했다는 것이다. 따라서 소크라테스는 동의되지 않고 사용한 '색깔'이라는 단어의 의미를 해명

해야 했다. 그런데 소크라테스는 둘째 시도에서 '색깔' 개념을 해명하는 방식으로 첫째 정의를 수정하지 않고 기하학적 개념들을 가지고 형태에 대한 새로운 정의를 제시하였다. 그리고 두 가지 정의 간의 관계에 대해서는 아무런 시사도 없다. 메논은 아마도 이 두 정의 간의 연속성이 없다고 판단한 듯하다. 따라서 메논은 다시 첫째 정의에서 문제된 '색깔' 개념에 대해 의문을 제기하는 것이다. 하지만 만약 둘째 정의가 함축적으로 '색깔' 개념을 명료화하고 있다고 한다면, 메논의 이 질문은 사실 불필요한, 메논의 몰이해에서 생긴 질문이다. 주석 80 참고.

82 애인들 : 구애자들을 가리킨다. 주석 11 참고.

83 고르기아스의 방식으로 : 메논이 고르기아스의 가르침에 친숙하다는 것을 알 수 있다.

84 자네들은 : 메논과 고르기아스는.

85 엠페도클레스 : 아크라가스 출신의 자연철학자. 레온티노이 출신의 고르기아스가 그의 제자였다고 전해지기도 한다. 아크라가스와 레온티노이 모두 시켈리아에 위치해 있다.

86 사물들(onta) : 주석 63 참고.

87 사물들의 어떤 유출물들 : 사물들에서 유출된 입자들을 가리킨다. 엠페도클레스는 감각지각을 사물들로부터의 입자들의 유출(apporroē)과 감각기관의 — 유출된 입자를 받아들일 수 있는 적합한 크기의 — 통로(poros)로써 설명한다.

88 핀다로스 : 그리스의 대표적인 초기 서정시인(기원전 518년~438년). 이 구절은 사라쿠사이의 참주인 히에론에게 헌정된 송가의 첫 부분을 따온 것이다.

89 형태들의 유출물(aporroē schēmatōn) : 유출물이 가시적인 것임을 감안한다면, 색깔을 비가시적인 기하학적 형태들에서 유출된 것으로 보기보다는 가시적인 물체들과 사물들에서 유출되는 것으로 말하는 것이 더 자연스러워 보이지만, 소크라테스는 '사물들의 유출물들'이 아니라 '형태들의 유출물'이라고 말한다. 『티마이오스』에서의 색깔에 대한 정의

(67c)에서는 '물체들(sōmata)로부터의 유출'로 언급한다. 물론 여기서 '형태'를 물체들의 가시적 '형태'나 '모양'으로 보는 것도 가능하고, '형태'를 계속 기하학적 의미로 이해했던 소크라테스도 아마 메논이 여기서의 '형태들'을 세상에 존재하는 '물체들', '(물리적) 형태들'로 이해할 거라는 사실을 알았을 것이다. 그런데도 왜 소크라테스는 'chrēmata'나 『티마이오스』에서처럼 'sōmata'로 표현하지 않고 'schēmata'로 표현하는가? 블러이나 샤플스는 75c2의 반론을 피하기 위해 소크라테스가 이미 앞서 정의된 '형태' 개념을 정의항으로 사용한 것으로 추측하지만, 이 추측은 여전히 어떤 의미에서 소크라테스가 비가시적 '형태'로부터 가시적 입자가 유출된다고 주장하는지를 충분히 설명해 주지는 못한다. 일부 편집자들은 'schēmatōn' 대신에 'sōmatōn'으로 읽는다 (Bluck(1961), p. 252).

90 비극 투(tragikē) : 메논이 색깔에 대한 물리적 설명을 선호하는 이유를 표현하고 있다. 비극의 시적 언어처럼 고상하고 화려한 것처럼 들리지만 내용의 측면에서 — 소크라테스의 단순한 형상적 규정처럼 — 색깔의 참된 본성을 드러내지 못한다는 의미에서 일반적으로 '과장된' (high-flown)으로 번역된다.

91 자네가 … 신비의식 … 입문하게 … 말일세 : 소크라테스는 엘레우시스 밀교의 신비의식에 입문하는 것을 철학적 문답법에 따른 탐구에 입문하는 것에 비유하고 있다. 다른 대화편에서도 철학에의 입문에 대한 비유가 발견된다(『향연』 209e, 『고르기아스』 497c, 『테아이테토스』 155e, 『파이드로스』 250b~c).

92 전체의 측면에서(kata holou) : 'kata holon'이란 표현은 다른 대화편에서도 나타나지만(『티마이오스』 40a, 55e, 『국가』 392e), 'kata holou'는 플라톤의 대화편들을 통틀어 유일하게 여기서만 발견된다(『메논』 73d1, 76a4~5 참고). 아리스토텔레스는 이 개념을 '보편자'(katholou)를 지칭하는 하나의 전문 철학 용어로 정착시켰다(Bluck(1961), p. 255). 학적 탐구의 출발점으로서 '무엇'에 대한 인식이 보편자에 대한 인식이라는 점

을 고려하면 앞으로 제기될 '메논의 난제'에 대한 플라톤의 해결은 보편적 지와 개별적 무지의 구별을 전제한다는 것을 알 수 있다. 아리스토텔레스도 플라톤적 관점에서 탐구의 난관을 보편적 인식과 개별적 인식의 구별을 통해 해결한다(『분석 후서』 A1, 『분석 전서』 B21).

93 시인이 말하듯이 : 시인이 구체적으로 누군지는 불분명하지만, 톰슨은 시모니데스일 거라고 추측한다(Thompson(1901), p. 100). 저명한 시인의 말을 인용하여 대답하는 방식은 특히 자료의 암기를 강조하는 고르기아스의 교육방식과 밀접히 연관되어 있다. 메논이 중시하는 것도 '이해'가 아니라 '정보'이다. 주석 24 참고.

94 "훌륭한 것들(kala)을 반기고 또 힘을 갖는 것(dynasthai)" : 메논이 고르기아스 같은 소피스트의 가르침에 의존한다는 사실에 근거해서 여기서의 '힘'을 '정치적 권력'으로 이해할 수 있는 여지는 있으나, 곧이어 제시되는 이 정의에 대한 소크라테스의 설명을 볼 때 '훌륭한 것들을 획득할 수 있는 힘이나 능력'으로 보는 것이 적절하다.

95 그들이 : 나쁜 것들을 욕구하는 사람들이.

96 그것들을 모르는 사람들 : 앞서 말한 '이 사람들', 즉 나쁜 것들이 이롭다고 믿는 사람들은 나쁜 것들이 나쁘다는 것을 모르는 사람들이라는 것을 부연해서 설명하고 있다.

97 나쁜 것들을 모르고 : 나쁜 것들이 나쁘다는 것을 모르고.

98 아무도 나쁜 것들을 원하지(boulesthai) 않는 것으로 보입니다 : 버넷은 사본 B, F에 따라 부정사 'boulesthai'로 읽는다. 우리는 버넷에 따라 'kindyneuei'가 생략된 것으로 보고 번역하였다. 사본 T, F는 'bouletai'로 읽는다. 이 경우에는 "아무도 나쁜 것들을 원하지 않습니다"로 번역된다.

99 자네가 말한 것 중에서(tou lechthentos) : 버넷에 따라 'tou lechthentos'로 읽었다. 메논은 앞서 탁월함의 정의를 두 측면에서 제시했다. 하나는 '좋은 것들을 원하는 것'이고, 다른 하나는 '그것들을 획득할 수 있는 힘을 갖는 것'이다. 버넷은 이후 논의가 이 두 측면을 별개로 고찰하기 때문에 부분의 속격(genetivus partitivus)을 나타내는 것으로 보았다. 반면

사본 B, T, W, F는 'tou' 대신 'toutou'로 읽는다. 이 경우 "이것이 말해졌을 때"(Sharples(1985)) 또는 "이것이 자네가 말했던 것임에도 불구하고"(Bartlett(2004))로 번역될 수 있다. 이 독해도 대화의 흐름을 파악하는 데 큰 지장을 주지 않는다. 샤플스는 문맥상 어색함이 없기 때문에 굳이 'tou'로 읽을 필요가 없다고 지적한다(Sharples(1985), p. 139).

100 선대부터(patrikos) : '선조들(fathers)로부터 물려받은'을 뜻하는 'patrikos'를 옮긴 것이다.

101 대왕 : '대왕'은 페르시아의 대왕을 가리킨다. 기원전 480년 페르시아의 대왕 크세륵세스가 그리스를 침공했을 때 테살리아의 알레우아스가는 페르시아군을 지원했지만, 파르살로스인들을 포함한 일부 테살리아인들은 알레우아스가의 친페르시아 정책에 반대했고 침입자들로부터 템페를 수호하고자 했다. 그러나 그들은 페르시아에 패배하여 템페를 잃었고, 결국 기원전 479년에 스파르타인들이 파가사이에 상륙할 때까지는 어쩔 수 없이 알레우아스가의 노선을 따를 수밖에 없었다. 이후 테살리아는 스파르타의 위협을 받았기 때문에 아테네 편에 섰다. 따라서 기원전 476년에 파르살로스의 메논은 아테네의 스파르타 원정을 지원했고, 그 보상으로 아테네 시민권을 획득하게 되었다. 여기서 '페르시아 대왕의 손님'이었다는 것은 우리의 메논의 조부로 보이는 파르살로스의 메논이 템페를 포기한 시점과 스파르타군이 파가사이에 상륙했던 시점 사이에 아마도 페르시아군에 투항하고 협조했을 거라는 사실을 암시한다. 여기에 대해서는 Bluck(1961) pp. 120~121, 261 참고.

102 손님(xenos) : 'xenos'는 원래 '이방인'이나 '외국인'을 뜻하지만, 서로 다른 나라의 가문들 간의 상호 친교에 적용될 경우에는 이방인으로서 서로가 서로에게 항상 손님이 되어 친구로 맺어지는 관계를 표현하는 영어의 'guest-friend'를 의미한다. 이 개념은 초대받는 방문자(guest)와 초대하는 접대자(host) 모두를 포함하기 때문에, 우리는 방문자의 의미일 경우에는 '손님'(78d, 90b, 91a, 92d)으로, 초청자의 의미일 경

우에는 '접대자'(100b)로 번역했다. 그러나 두 경우를 구별하지 않고 한 단어로 번역하고자 한다면, 약간의 의미상의 제약은 감수하더라도 '친구'로 옮기는 것이 좋다.

103 비획득(aporia) : 소크라테스는 '획득'을 의미하는 'poros'의 반대말로 'aporia'를 말한다. 뜻은 '획득의 결핍', 즉 '비획득'이다. 소크라테스는 탁월함을 '획득'으로 규정할 때 탁월함은 '비획득'(aporia)이라는 사실이 동시에 수반되기 때문에 메논이 논리적 모순과 난관(aporia)에 직면한다는 것을 암시한다.

104 획득은, 비획득이 탁월함인 것처럼, 탁월함이네 : 직역하면 "획득은 비획득보다 더 많이 탁월함이지 않네"이다.

105 조금 전에 : 78d8~e1, 74a4~6 참고.

106 전체(holon)로서 : '전체적으로', '보편적으로', '일반적으로'라는 부사적 표현으로 옮길 수도 있다.

107 그것을 : 탁월함이 전체로서 무엇인지를.

108 어떤 사람이 … 생각하는가? : '어떤 사람'은 '탁월함을 탁월함의 부분들을 통해 정의하는 사람'을 가리킨다. 이런 사람에 대한 소크라테스의 비판은 두 가지이다. 첫째, 그는 탁월함을 하나의 전체로서 규정하지 않고 조각난 탁월함들을 가지고 규정함으로써 탁월함의 전체성과 보편성을 훼손시킨다는 것이다. 이것이 이 구절 앞까지의 비판이다. 이제 소크라테스는 다른 비판을 제시한다. 이 비판은 탁월함의 부분을 가지고 탁월함을 규정하는 사람은 논리적으로 탁월함의 부분의 '무엇'에 대한 인식을 전제해야 한다는 것에 놓여 있다. 만약 그가 탁월함을 탁월함의 부분을 통해 규정한다면, 그는 탁월함의 부분이 무엇인지를 알아야 하고, 이 부분에 대한 인식을 가지고 탁월함 전체에 대한 인식을 매개할 수 있다고 주장하는 것이기 때문이다. 그러나 소크라테스에 따르면, 탁월함의 부분의 '무엇'에 대한 인식은 논리적으로 탁월함의 '무엇'에 대한 인식을 전제한다. 따라서 탁월함의 부분이 무엇인지를 안다고 하더라도 탁월함이 무엇인지 알지 못하면 탁월함의 부분이

무엇인지도 알지 못한다는 것이다. 결국 탁월함 전체에 대한 인식을 통해 획득될 수 있는 탁월함의 부분에 대한 인식을 가지고 탁월함 전체를 규정하는 메논의 방식은 불합리한 것이다. 이런 맥락에서 소크라테스는 "자네는 탁월함이 무엇인지 모르는 사람이 탁월함의 부분이 무엇인지를 알 수 있다고 생각하는가?"라고 메논에게 묻는 것이다.

109 처음부터(ex archēs) : 대화의 처음에 제기된 질문으로 되돌아가.

110 호리고(goeteuein) : 'goeteuein'은 주술을 사용하여 사람을 매혹하고 호리는 것을 의미한다.

111 현혹하며(pharmattein) : 'pharmattein'은 마법의 약(phamaka)을 사용해 사람을 현혹한다는 것을 뜻한다.

112 꼼짝 못하게 한 나머지(katepadein) : 'katepadein'은 노래나 마법을 통해 거역할 수 없게끔 만들어 사람을 복종시키는 것을 뜻한다.

113 외모(eidos) : 모든 것들에 공통된 사물의 '내적' 본질로서 'eidos' 개념을 이해하는 소크라테스와 달리 메논은 여기서 'eidos'를 겉으로 드러난 '모양'이나 '형태'의 의미로 이해하고 사용한다. 소크라테스의 반어법을 모방하는 메논의 반어법이 엿보인다.

114 전기가오리(narkē) : 원반 형태의 전기 기관을 몸 양쪽에 1개씩 가진 바닷물고기로서 지나가는 물고기를 전기 충격으로 감전시켜 잡아먹는다. 전기가오리가 일으키는 충격은 성인을 넘어뜨릴 정도의 힘을 가지고 있다. 고대 그리스인들과 로마인들에게는 지중해 종이 많이 알려져 있었고, 식용으로 쓰였다고 한다. 로마의 의사 갈레노스는 전기가오리를 사용한 일종의 전기충격요법을 두통 치료에 활용하였다.

115 입(stoma) : 사본 F는 '육체'(sōma)로 읽는다. 대답의 어려움에 대한 바로 뒤의 언급을 고려하면 '육체'의 마비보다는 '입'의 마비로 보는 것이 보다 자연스럽다.

116 전적으로(to parapan) : 이 개념을 처음 사용한 것은 소크라테스다(71a6). 소크라테스는 '탁월함이 무엇인가?'라는 질문이 탁월함을 하나의 전체로서 정의하라는 것임을 말하기 위해 교묘하게 이 개념을 '전체적

으로'라는 의미로 'kata pantōn', 'kata holou', 'holon' 등의 개념들과 나란히 사용하지만, 메논은 71b9에서 이 개념을 그의 전적인 무지를 나타내는 것으로 이해한다. 이후 이 개념은 대화의 수면 아래로 가라앉고, 비로소 여기서 논의의 전면에 다시 등장한다. 메논은 71b9에서의 자신의 이해를 여기서도 반복한다. 곧이어 등장하는 '메논의 난제'는 'to parapan'에 대한 메논의 이러한 이해에 기초해 있다.

117 **잘생긴(kalos)** : 여기서 'kalos'는 외모의 아름다움을 가리킨다.

118 **비유된 것들(eikones)** : 'eikones'는 잘생긴 사람들의 비유 대상들을 가리키기 때문에 '비유되는 것들'로 옮겼다.

119 **잘생긴(kaloi) ⋯ 멋지다고(kalai)** : 반복적으로 사용되는 'kalos' 가운데 뒤의 것은 우리말의 어감을 고려하여 '멋진'으로 번역하였다.

120 **난관을 벗어날 길을 알면서(euporein)** : 'euporein'은 길(poros)이 막혀 더 이상 앞으로 나아갈 수 없는 어려운 상태(aporia), 즉 곤경이나 난관에 빠진다는 것을 뜻하는 'aporein'의 반대말이다. 막힌 길을 뚫고 나가 난관을 잘 극복하고 용이하게 어떤 해결에 도달한다는 것을 뜻한다.

121 **이것을(touto)** : '이것'은 탐구될 수 있는 모든 임의의 사태를 일반적으로 지칭하는 것이 아니라 지금까지의 대화의 주제였던 사태, 즉 '탁월함'을 지시한다.

122 **전적으로(to parapan)** : 80b4에 이어 메논은 'to parapan'을 두 번째로 언급한다. 메논은 소크라테스가 탁월함을 '그것이 무엇인가?'와 관련해 '전적으로' 모른다고 주장함으로써 그의 무지를 억지에 가깝게 절대적 무지로 간주한다. 물론 메논의 입장에서 보면 이 억지는 'to parapan'을 처음 말한 소크라테스 자신에게서 비롯된 것이다.

123 **어떤 것(poion)** : '어떤 것'(poion)은 '무엇'(ti)과 대비되는 개념이고, 메논은 이 구별을 이미 숙지하고 있다. 따라서 메논은 단순히 모르는 대상들 중에서 임의의 것을 탐구의 대상으로 정립하고 탐구할지를 묻는 것이 아니라, 무엇을 탐구하든 간에 그것이 어떤 것인지를 내세우고 탐구할 것인지를 묻고 있다(Bluck(1961) pp. 271~2, Sharples(1985), p.

143). 메논은 소크라테스가 '무엇'을 정립하고서 '어떤 것'을 탐구하자고 제안한 것에 대해 거꾸로 '무엇'을 어차피 모르는 이상 소크라테스가 '어떤 것'으로부터 탐구를 시작할 수 있는지를 묻고 있다. 물론 메논은 이때 소크라테스의 부정적 답변을 예상하고 있다.

124 무슨 말을 하려는지를(hoion boulei) : '하는지를'과 '하려는지를'의 차이에 주목할 필요가 있다. 소크라테스가 이해한다고 한 것은 '메논이 말하는 것'이 아니라 '메논이 말하려는 것'이다. 여기서 '메논의 논변'의 명시적 주장과 '메논의 논변'의 함축적 의도의 격차를 예상할 수 있다. '메논의 논변'의 배후에는 다른 의도가 숨겨져 있다는 것이다. 이 숨겨진 논변이 곧이어 소크라테스가 말하는 '논쟁적인 논변'이다.

125 논쟁적인(eristikon) : '싸움', '투쟁'을 의미하는 'eris'에서 파생한 형용사로서 소피스트의 대화 방식을 특징적으로 나타낸다. 소피스트의 '논쟁적' 토론 방식, 즉 논쟁술(eristikē)은 상대방을 모순으로 이끌어 난관에 빠뜨린다는 점에서 소크라테스의 '엘렝코스'(비판적 검토)와 유사하지만, 단어의 다의성을 이용한 일종의 오류 추론이라는 점과 논쟁의 궁극적 목적을 참의 인식이 아닌 문답에서의 승리로 규정한다는 점에서 다르다.

126 이끌어 내고(katagein) : 'katagein'은 '실을 뽑아내다'를 의미하기도 한다. 블럭은 메논이 자신의 논변으로부터 특정한 '논쟁적인' 논변을 마치 실을 뽑아내기 시작하듯이 이끌어 내기 시작한다는 것을 소크라테스가 비유적으로 말한다고 주장한다(Bluck(1961), p. 273).

127 남자들과 여자들 : 곧이어 소크라테스가 언급하는 남녀 사제들을 말하고, 이들이 피타고라스주의를 신봉하는 자들인지 오르페우스교를 추종하는 자들인지에 대해서는 많은 논란이 있다.

128 일들 : 의식(儀式)들.

129 사람들은 … 부르네(kalousi) : 'kalousi'의 주어는 앞서 언급된 사제들이나 시인들일 수 있지만, 죽음에 대한 그런 인식이 이런 종교를 신봉하는 사람들에게만 있을 필요는 없다는 점에서 일반적인 '사람들'을 주

어로 옮겼다(81d2~3 참고).

130 페르세포네가 … 불리도다 : 핀다로스의 시에서 인용한 것으로 추정된다.

131 하데스에(en Hāidou) : 'Hāidēs'는 어원상으로는 '보이지 않는 세계'를 뜻한다. 여기서는 살아 있을 때 경험하는 지상 세계나 이승 세계와 대비되는, 죽어서 경험하는 지하 세계나 저승 세계를 가리킨다.

132 여기 지상뿐 아니라 하데스에 있는 이 모든 것들(kai ta enthade kai ta en Hāidou kai panta chrēmata) : 'kai panta chrēmata'에서 'kai'는 앞서 언급된 것들을 포괄해서 설명하는 것이기 때문에 이렇게 번역하였다. 일부 편집자들은 아예 'panta chrēmata' 앞의 'kai'를 삭제하기도 한다.

133 자연 전체가 같은 혈통이고(syngenēs) : 상기의 모든 대상들은 일정한 질서 속에서 결속되어 있다는 것을 나타낸다. 모든 생물의 동족성에 관한 사상은 피타고라스학파에서도 발견된다. 이 구문은 절대 속격 분사구문으로 우리는 '자연 전체'를 분사구문의 주어로 번역했다. 그러나 뒤에 나오는 소유격 'tēs psychēs'가 주어일 수 있는 문법적 가능성도 — 어순상 부자연스런 면은 있지만 — 있다. 그럴 경우 "영혼은 자연 전체와 같은 혈통이고 모든 것들을 배웠기 때문에"라고 번역된다. 아리스티푸스(Henricus Aristippus)는 후자로 번역하였다.

134 모두(holon) : 앞서 상기의 과정을 — 사람들이 '배움'이라 지칭하는 — '하나의 상기'와 '탐구'와 '발견'의 계기로 구별해 설명하였다. 이제 여기서 소크라테스는 이 과정 전체(holon)를 총괄적으로 상기라 부른다. 이암블리코스는 상기의 과정을 "탐구로부터 발견으로의, 그리고 배움으로부터 탐구와 발견으로의 길"(Iamblichos(1891), p. 45, 14~16)로 설명한다. 블럭도 주석에서 "탐구와 배움은 둘 다 상기로 기술될 수 있을 것이다. 사실 상기는 하나의 과정이다. 그것은 … 한 순간에 모두 완전히 성취되지 않는다"(Bluck(1961), p. 288)고 지적하고 있다. Sharples(1985), p. 149도 유사함.

135 유약한 인간들의 귀를 즐겁게는 하겠지만 : 직역하면 "유약한 인간들에게는 듣기 좋겠지만"이다.

136 이 논변은 … 지금의 논변은 : 각각 메논의 논변(80d5~8)과 소크라테스의 논변(80e1~5)을 가리킨다.

137 어떤 의미로(pōs) : 사본 F에 따르는 버넷처럼 'pōs'로 읽었다. 사본 B, T, W는 'haplōs'로 읽는다. 이 경우 "하지만 당신께서는 단적으로 이 것을 말씀하시는 겁니까?"라고 번역된다.

138 말했는데 : 80b.

139 일단(alla) : 명령문에서 'alla'는 특정한 일을 행하도록 설득하는 것을 표현하므로 '일단'으로 번역하였다.

140 정사각형(tetragonon chōrion) : 'chōrion'은 일반적으로 '장소', '지역' 등을 의미하지만, 기하학에서는 선분에 의해 둘러싸인 한정된 '공간'으로서 넓게는 특정한 형태와 크기(면적)를 갖는 '도형'을 의미하기도 하고, 좁게는 도형을 이루는 '면적(넓이)'을 가리키기도 한다. 여기서는 문맥에 맞게 '면적'이나 '도형'으로 번역할 것이다. 주석 48 참고.

141 노예(pais) : 'pais'는 나이와 상관없이 노예를 부를 때 사용하는 개념이다. 『메논』에서 노예의 나이를 추정할 수 있는 결정적 단서는 없지만, 우리는 메논의 나이를 고려하여 그를 메논보다 어린 나이의 노예로 보고 소크라테스와의 문답 장면들에서는 '아이'로 호칭할 것이다.

142 선분들 : 중점을 통과하면서 길이가 같은 선분은 무한히 많지만 — 이 가운데 나중에 아이가 발견할 대각선도 포함되어 있다 — 소크라테스는 아마도 기하학에 무지한 아이로서도 아주 쉽게 중점을 통과하면서도 면적을 동등하게 양분할 수 있는 선분으로 알 수 있는 'EF'와 'GH'를 염두에 두고 있었을 것이다.

143 그럼 그와 같은 도형(chōrion)은 … 않겠니? : '그와 같은 도형'은 정사각형 ABCD와 형태가 같은 도형을 가리킨다. 도형 AGIE, GBFI, IFCH, EIHD는 도형 ABCD보다 작고, 도형 ABCD는 AGIE, GBFI, IFCH, EIHD보다 크다.

144 제곱피트(pous) : 그리스어 피트(pous)는 선분의 길이뿐 아니라 면적의 크기를 함께 나타낸다. 오늘날 우리가 사용하는 면적의 단위인 '제곱

피트'에 대한 독립적 개념이 그리스어에는 없기 때문에 '면적'을 지칭할 경우에는 '제곱피트'로 표기할 것이다.

145 **2의 한 배 제곱피트** : 원문에는 '2피트의 한 배'로 되어 있지만, 면적 계산과 관련된 것이므로 '2의 한 배 제곱피트'로 옮겼다. '2피트의 한 배'(영어로 'one times two')는 간단히 산술적으로 표기하면, '2 곱하기 1', 즉 '2×1'이다. 그런데 소크라테스는 아이로 하여금 도형의 면적이나 선분의 길이와 관련하여 '배' 개념을 먼저 익히게 하고 나서, 배가(곱하기, pollaplasiasmos)를 통해 계산해 보도록 유도한다. 따라서 우리는 곱하기의 배가적 특성을 드러내기 위해 글자 그대로 '2의 한 배 제곱피트'로 옮겼다.

146 **얼마지?(poson)** : 고대 수학이 다루는 대상은 크게 둘로 구별된다(이 구별에 관해서는 아리스토텔레스, 『형이상학』 1020a7~14, 니코마코스(Nikomachos von Gerasa), 『수론 입문(Introductio arithmetica)』 II, 4~5 참고). 하나는 크기(megethos)이고, 다른 하나는 다수(plēthos)이다. '크기'는 생명체, 우주, 나무와 같이 하나의 전체로 불가분적으로 통합된 연속적 양(to pēlikon)이고, '다수'는 무리, 민족, 더미와 같이 가분적인 하나들의 집적으로서 단속적 양(to poson)이다. 여기서 소크라테스가 요구하는 것은 가로와 세로가 각기 2피트인 정사각형의 넓이를 단속적 양(to poson)으로, 즉 계산 가능한 수적 단위로 표현하라는 것이다.

147 **그와 같은 다른 도형** : 그 정사각형의 도형(ABCD)과 형태가 비슷한 다른 정사각형의 도형.

148 **저것** : 8제곱피트의 면적을 가진 도형.

149 **길이가 얼마일지(pēlikē tis)** : 앞서 'poson'을 물은 것과 다르게 여기서는 선분의 길이의 'to pēlikon', 즉 연속량을 묻는다. 이것은 여기서 예상되는 해답이 (유리)수를 통해 주어질 수 없다는 것을 암시한다. 왜냐하면 'to pēlikon'은 우리가 수로 — 고대 수학에서 무리수는 엄밀한 의미에서 수가 아니다. 즉, 수의 단위 'monas', 즉 '1'로부터 합리적으로

종합될 수 있는 수가 아니다 — 계산할 수 있는 단속적 양이 아니라 '1'을 통해 측정할 수 없는 연속적 크기를 가리키기 때문이다. 무리수적 양은 연속적 크기로서 기하학적으로는 나타낼 수 있지만, 단속적 양으로서 수론적으로는 표현할 수 없다.

150 뭐지?(ti) : 'ti'를 'pēlikon ti'로 읽으면, 즉 "저 두 배 되는 도형의 선분의 길이는 얼마지?"로 읽으면, 질문의 내용을 더 분명하게 알 수 있다.

151 두 배의 선분으로부터 생길 거로 : 4제곱피트의 면적을 가진 정사각형의 한 선분보다 두 배 긴 선분으로부터 8제곱피트의 면적을 갖는 정사각형이 생길 거로.

152 그만큼 긴 : AB와 같은 길이의.

153 8제곱피트의 도형 : 8제곱피트의 면적을 갖는 도형

154 같지(ison) : '같음'(isotēs)은 수학에서 양의 동일성, 즉 동등성을 의미한다. 지금까지 '길이'의 동등성을 말했는데, 여기서는 면적의 양적 크기의 동일성, 즉 면적의 동등성을 말하고 있다. 반면 동일성(tauton)은 실체적 동일성을 의미한다. 동일성과 동등성 개념에 관해서는 아리스토텔레스의 『형이상학』 1021a 참고.

155 이것의 : 4피트 되는 선분의

156 노예 : 예 : 사본 B, T, W, F와 아리스티푸스의 라틴어 번역본에는 이 부분이 없다.

157 길이가 얼마라고(pēlikēn tina) : 문제의 해답이 무리수에 속한다는 것을 아는 소크라테스는 다시 계산될 수 없는 연속량에 대해 묻고 있다. 기하학을 배우지 못한 아이는 당연히 이 의도를 알아채지 못하고 '3피트'라는 잘못된 해답을 제시한다.

158 수로 계산하고(arithmein) 싶지 않다면 : 소크라테스는 찾고 있는 선분의 양(길이)이 수로 표현될 수 없음을 알고 있다.

159 보여 줘 봐라(deiknynai) : 소크라테스는 선분의 길이를 수론적으로 계산할 수 없다면 기하학적으로라도 표현해 보도록 요구한다. 찾고 있는 선분의 길이를 측정할 수 없는 한 선분을 그리거나 가리켜서 보여 줄

수밖에 없다.

160 그것을 : 8제곱피트 정사각형의 선분의 길이를.

161 안다고 생각했기 때문에(hōs eidōs) : 'hōs + 분사'는 객관적 이유를 표현
하는 'hate + 분사'와 달리 주관적 근거를 표현하므로 "알았기 때문
에"가 아니라 "안다고 생각했기 때문에"로 옮겼다.

162 난관에 빠지기 전에, 그리고 알기를 갈구하기 전에 : '빠지고', '갈구하고'
는 모두 부정과거형(aorist)으로 표현되어 있다. 그리스어의 부정과거형
은 행위로의 '진입'(ingression)을 나타내고 행위가 시작되는 순간을 강
조하여 표현한다. 그래서 이 용법으로 사용될 때는 부정과거형은 그
자체만으로 '~을 시작하다'라는 뜻을 갖게 된다. 이 문장의 부정과거
형도 이에 해당하고, 이런 의미로, 즉 "난관에 빠지기 시작하기 전에,
그리고 알기를 갈구하길 시작하기 전에"로 이해되어야 한다. 난관에
빠지는 바로 그 시점에, 그래서 알기를 갈구하게 된 바로 그 시점에 비
로소 아이는 탐구와 배움을 수행할 준비를 갖추게 된다는 것이다.

163 마비됐던 게 : 다시 부정과거형 분사가 사용되었고, 이 경우 부정과거
형은 행위의 진입을 강조하는 용법이 아니라 행위의 결과를 강조하
는 용법으로 사용된 것이다. 그렇게 보면 소크라테스는 여기서 마비
가 이루어진 그 최종적 시점에서 마비의 결과로 어떤 이익이 아이에
게 생긴 것을 지적하고 있다.

164 난관으로부터 : 난관에 빠져 있는 상태에서 시작하여.

165 어딘가에서(pou) : '혹시'로 번역해도 무방하다.

166 확신들(doxai) : 'doxa'는 사람이 품는, 특정한 능력을 가진 특정한 종류
의 '생각'을 가리킨다. 'doxa'는 거짓되고 피상적인 생각이라는 점에서
'억측'(conjecture)으로 번역되기도 하지만, 'doxa'는 항상 거짓된 것도
아니고 사물의 기능(ergon)을 그 자체에 있어서 파악하는 'epistēmē'
에 비해서는 피상적이라고 하더라도 기능을 그 현상 속에서 경험적으
로 파악할 수는 있다는 점에서 — 가령, 'doxa'는 눈의 기능인 보는 것
이 그 자체로 무엇인지는 개념적으로 규정하고 이해할 수 없어도 기

능이 실현되어 있는 실제로 보는 눈들을 관찰함으로써 눈의 기능, 엄밀히 말하면 눈의 내재적 기능을 경험적으로 규정하고 이해할 수는 있다 — 단적으로 피상적인 생각은 아니므로, 이 번역어는 부적절하다. 다음으로 'doxa'에 대한 라틴어 번역어인 'opinio'를 그대로 옮긴 'opinion'을 우리말 '의견'으로 번역하는 경우가 있다. 이 번역은, '의견'이라는 우리말이 어떤 일에 대한 단순히 주관적인 생각을 의미한다면, 'doxa'가 우리 내부로부터 유발되는 자의적 관념과는 구별되고 우리가 '상상'(phantasia)을 통해서처럼 우리 마음대로 조작할 수 있는 생각이 아니라는 사실을 언어적으로 분명하게 드러내지 못한다는 점에서 나름대로 한계를 가지고 있다. 최근에는 일정한 근거를 가지고 추론을 통해 이루어지는 '판단'(Urteil, judgement)으로 번역되기도 한다. 이 번역은 중요한 측면에서 'doxa'가 수행하는 '생각'의 구조와 특성을 잘 드러내지만, 어떤 것을 다른 것과 구별해 바로 그것으로 판단하는(krinein) 능력은 단순히 'doxa'만의 능력이 아니라 '사유'(dianoia, noēsis)의 능력이기도 하기 때문에 'epistēmē'와의 변별력이 부족한 번역이다. 'doxa'는 매우 복잡하고 상반되는 것처럼 보이는 특징들을 가지고 있다. 'doxa'는 어느 정도 주관적이지만, 개별적인 사물들을 그 보편적인 측면에서, 즉 그 기능과 관련해 판단한다는 점에서는 어느 정도 객관적이기도 하다. 'doxa'는 형상과 기능 자체에 대한 인식 없이 특정한 생각과 판단을 사물의 현상의 차원에서 추론하기 때문에 비합리적이고 무근거한 것이지만, 특정한 생각을 적어도 내재적 형상에 대한 경험적 인식에 기초해서 이끌어 내기 때문에 어떤 의미에서는 합리적이고 근거 있는 것이다. 그리고 'doxa'는 무근거하기 때문에 엘렝코스(비판적 검토)를 통해 대부분 거짓으로 밝혀지는 것이기도 하지만, 원칙적으로 참된 'doxa'도 있고, 참된 한 행위에 있어서 'epistēmē'와 동등한 효력을 발휘할 수도 있다. 또한 거짓으로 밝혀지는 경우가 많기 때문에 'doxa'는 확실성이 결여된 인식의 종류에 속하지만, 'doxa'는 다른 어떤 인식 형태 못지않게 그 자체의 생각과 판단에 대한 확실성을 강하게 — 가령, 『국가』에서 보는 것을 좋아 하는 사람들이 아름다운 것들이 바로 아름다움이라는 사태 자체라고 강변하는 것처럼 — 주장하기도 한다. 이런 상반된 특성들 때문에 'doxa'를 어느 한 개념으로 옮기는 것은 사실 불가능하고, 앞서 언급한 번역어들 가운데 하나를 선택할 수밖에 없는 실정이다. 하지만 그렇더라도 'doxa'의 무근거하고 주관적이고 불합리한 특성만을 강조하는 번역을 피하고 또 'doxa'가 자신의 생각에 대한 확실성을 확고하게 견지한다는 점을 부각시키기 위해 우리는 여기서 'doxa'를 '확신(確信)'으로 번역했다. 물론 '확신'에서의 '확(確)'이 'doxa'의 '신(信)'의 질(質)에 연관된 것이 아니라 '신(信)'의 강도와 관련된 것임을 독자는 이해할 필요가 있다. 'doxa'는 강도에 있어서 'epistēmē'만큼 '강한' 자기확실성을 피력하지만, 그 사유의 질(質)은 'epistēmē'와 판이하게 다르다. 'epistēmē'는 자기확실성을 항상 지성의 합리적 사유로부터 입증하는 반면, 'doxa'는 자신의 '신(信)'을 오로지 경험적 사유와 추론에 입각해 '강력하게(確)' 주장할 뿐이고, 따라서 'doxa'의 '확고한 신념'은 경우에 따라 맹목적이고 독단적일 수 있기 때문이다. 이런 점에서 'doxa'는 '맹신(盲信)'과 '독단(獨斷)'의 가능성을 가진 '확신(確信)'이다. 기하학에 문외한인 아이도 수학적 대상을 경험적으로 모래 위에 그려진 것으로만 파악하고 결국 논리적 추론에 있어서 오류를 범하기도 하지만, 아이는 소크라테스의 질문에 대해 항상 단호하게 자신이 생각한 것을 '예/아니요'로 피력한다. 이러한 자신감은 그의 생각이 이미 'doxa', 즉 확신의 상태에서 — 비록 확신이 아직 경험적으로 정초되고 추론된 것이기는 하지만 — 표출되는 것임을 보여 주는 것이다.

167 면적은 얼마지(pēlikon ti) : 대부분의 경우 'pēlikon'은 'poson'의 대립 개념으로 사용되고(주석 146, 149 참고) 『메논』에서도 두 개념의 이 구별이 지속적으로 적용되지만, 면적의 크기를 묻는 이 구절에서는 수학의 전문용어가 아닌 길이나 양을 묻는 일상용어로 사용된다. 아마도 플라톤은 두 개념의 특별한 차이를 인식하지 못한 아이에게는 용어의

이러한 느슨한 사용이 큰 문제가 되지 않는다는 것을 간접적으로 암시하고 있는 것 같다.

168 그만한 크기의 것들 : 정사각형(ABCD)의 반인 삼각형(BCD)만큼 큰 면적을 가진 삼각형들.

169 몇 개가(poson) : 수로 셀 수 있는 단속량을 묻고 있다.

170 지자들(hoi sophistai) : 반어적 의미는 포함되어 있지 않다. 기하학에 정통한 전문 기하학자들을 가리킨다.

171 조금 전에 우리가 말했던 것처럼 말이야 : 82e8~9.

172 모든 기하학 : 모든 분야의 기하학. 기하학의 분야들이 세분되어 있다는 것은 앞서의 '기하학들'(76a2)이라는 복수 표현으로부터 알 수 있다.

173 이와 똑같이(tauta tauta) : 기하학의 문제를 풀 때 했던 것들과 똑같은 것을 할 거라는 것, 즉 기하학의 문제를 상기를 통해 해결하는 것과 똑같은 방식으로 탐구를 진행할 것임을 말한다.

174 다른 모든 학문들(mathēmata) : 좁게는 기하학 외에 수론, 음악, 천문학과 같은 수학적 학문들을 가리키고, 넓게는 상기를 통해 발견되는 여타 학문들을 가리킨다.

175 있는 것들(ta onta) : 주석 63 참고.

176 어떻게 그런지는 모르겠습니다 : 메논은 소크라테스에게 이승과 저승의 구별을 통한 신화적 설명의 진정한 의미와 의도를 해명해 줄 것을 간접적으로 요청하고 있다.

177 그리고 어쨌든 다른 것들까지 … 전혀 없네 : 앞서 신화적 논변에 대한 메논의 회의와 관련하여 소크라테스는 신화의 요소들을 글자 그대로 모두 수용하는 것이 아님을 분명하게 밝힌다. 소크라테스는 앞서 말한 신화를 오직 문답법적 탐구를 합리적으로 설명하는 데 부합하는 한에서만 받아들인다.

178 알지 못하는 것을(ha mē tis oiden) : 문장의 자연스런 이해를 위해 '어떤 사람이'(tis)를 번역하지 않았다.

179 도형(chōrion) : 일정 크기의 '면적'으로 볼 수 있다. '면적'(area)으로 번

역되기도 한다(Sharples(1985), Bartlett(2004)).

180 그런지는 : 삼각형으로 내접될 수 있는지는.

181 이 도형이 : '이 도형'이 무엇을 가리키는지 정확히 알 수 없다. 앞에서의 논의에서 소크라테스는 이미 4제곱피트의 정사각형을 그렸고, 2제곱피트의 직사각형도 그렸다. 소크라테스가 대부분의 논의를 정사각형의 면적과 관련된 문제에 할애한 것을 보면 베네케의 해석이 문맥상 보다 자연스러울 수 있지만, 버쳐의 해석도 가설의 방법적 취지를 이해하는 데는 적절하다(Benecke(1867), Butcher(1888)). 베네케와 버쳐는 여기서의 문제의 도형을 다음과 같이 그린다.

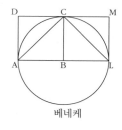
베네케

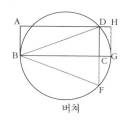
버쳐

182 그것의 주어진 선분 : 베네케와 버쳐 모두 '원의 지름'으로 이해한다.

183 같은(hoion) : 문제의 도형을 '정사각형'으로 간주하는 베네케는 '(면적이) 같은(ison)'으로 해석하고, '직사각형'으로 간주하는 버쳐는 '(형태가) 유사한(homoion)'으로 본다.

184 미치지 못하는(elleipein) : 버쳐는 직사각형 ABCD가 직사각형 ABGH에 형태가 유사한 직사각형 DCGH만큼 미치지 못한다고, 베네케는 정사각형 DABC가 직사각형 DALM에 같은 크기의 면적을 지니는 정사각형 CBLM만큼 미치지 못한다고 해석한다.

185 이것들을 겪는 게 불가능하다면 : 가설에서 제시된 조건들을 충족시키지 못한다면.

186 뛰어난 것(agathon) : 여기서부터는 'agathon'을 '뛰어난'으로 번역한다. 주석 40 참고.

187 확고하지(menein) : 'menein'은 '어떤 장소에 머무르다'를 의미한다. '우리의 마음에 움직이지 않은 채 확고하게 머무른다'는 의미에서 '확고하다'로 옮겼다.

188 앎(phronēsis) : 플라톤은 'phronēsis'와 'epistēmē', 그리고 동사적 표현인 'phronein'과 'epistasthai'를 거의 같은 의미로 사용한다(97b이하 볼 것). 실천적 일들에 대한 분별이나 판단과 관련해서는 'epistēmē'보다 'phronēsis'가 더 많이 사용된다. 따라서 'phronēsis'는 일반적으로 '지혜'나 '실천적 지혜'로 번역된다. 그러나 여기서는 'sophia'의 번역어인 '지혜'뿐 아니라 'epistēmē'의 번역어인 '인식'과의 중첩을 피하기 위해서, 그리고 플라톤이 'phronēsis'를 'epistēmē'와 상호 호환 가능한 개념으로 사용한다는 점을 감안하여, 'phronēsis'는 '앎'으로, 'epistēmē'는 '인식'으로, 동사 표현인 'phronein'은 '알다'로, 'epistasthai'는 '인식하다' 또는 '알다'로 옮겼다. 이로부터 '실천적 지혜'로서 'phronēsis'도 근본적으로는 우리의 행위를 옳고 그름과 좋고 나쁨의 관점에서 구별하고 판단할 수 있는 지성(nous)의 앎과 사유로부터 성립한다는 점이 좀 더 부각될 수 있을 것이다.

189 그 자체가 그 자체에 있어서(auta kath' auta) : 어떤 사태를 타자관계가 아니라 자기관계의 측면에서 고찰하는 것을 강조할 때 플라톤이 자주 사용하는 표현이다. 어떤 사태를 그것의 모든 ─ 다른 것들 속에서의 ─ 현상들로부터 추상하여 오직 '그 자체로서'(auta) 사유하고 ─ 다른 모든 사태에는 속하지 않고 오직 그 자체에만 속하는 ─ '본성(physis)이나 기능(ergon)이나 이데아(idea)에 따라(적합하게)' 사유하는 방식을 나타낸다. 이 표현은 100b에서 또 한 번 사용된다. 주석 20 참고.

190 다른 영혼 : '앎'에 관계된 영혼의 부분과는 다른 영혼의 부분.

191 전체든 일부든 : 이 구절은 앞의 '탁월함'이나 '앎'을 한정할 수 있다. 블럭은 탁월함이 앎에 의존한다는 점에서 '앎'을 한정하는 것으로 보고 이 구절을 "앎 전체든 앎의 일부분이든"으로 이해한다(Bluck(1961), p. 336). 반면 톰슨은 탁월함이 앎 외에 다른 부분들을 포함한다는 점

에서 '탁월함'을 한정하는 것으로 본다(Thompson(1901), p. 161).

192 뛰어난 사람들이(agathoi) 본성적으로 뛰어난(agathoi) 건 : 사본 F에 따라 술어 'agathoi'를 첨가하여 읽었다(89b 참고). 버넷과 사본 B, T, W는 'agathoi'를 생략하여 "뛰어난 사람들이 본성적으로 있는 건"이라고 읽는다.

193 뛰어나게 : 원문에는 없으나 자연스러운 이해를 위해 첨가했다. 주석 192 참고.

194 본성들이(tas physeis) : 직역하면 '본성들의 측면에서'이다.

195 아크로폴리스(akropolis) : 글자 그대로 도시(폴리스) 내에서 가장 '높은' (akros) 곳에 있는 '도시'(polis)이다. 아크로폴리스는 도시의 방어를 목적으로 가장 높은 언덕에 지어진 성채로서, 신전들뿐 아니라 주요 관공서들이 세워졌다. 가장 유명한 아테네의 아크로폴리스에는 아테나 여신을 모신 파르테논 신전이 있었고, 이 신전에는 델로스 동맹으로부터 거둬들인 보물들이 보관되어 있었다.

196 이것 : '탁월함이 인식이라면'이라는 가설을 가리킨다. 이는 89d1 이후에서 분명히 알 수 있다.

197 잘못(ou kalōs) : 직역하면 '훌륭하지 않게'이다.

198 아뉘토스 : 아테네의 민주주의 정치가로서 소크라테스의 주 고발인 가운데 한 사람이다. 『소크라테스의 변명』18b, 23e~24a 참고.

199 탐구 : 탁월함의 교사들을 찾는 탐구.

200 안테미온 : 제혁업으로 부를 축적했다는 것 외에 알려진 바가 거의 없다.

201 폴뤼크라테스, 이스메니아스 : 폴뤼크라테스는 기원전 6세기의 사모스 출신 전제군주의 이름이기도 하지만, 여기서의 폴뤼크라테스는 기원전 4세기에 살았던 아테네의 폴뤼크라테스이다. 그는 수사학자이자 민주파에 속한 정치가였고, 당시 급증하던 소크라테스의 영향력에 대응하기 위하여 『소크라테스의 고발(Katēgoria sokratous)』을 저술하기도 하였다. 이스메니아스는 테베의 민주파 지도자이다. 크세노폰에 따르면, 그는 페르시아의 티트라우스테스로부터 그리스 내의 반스파르타

정서를 선동하는 대가로 뇌물로 받았다고 한다. 하지만 이것은 기원전 395년의 일이고 『메논』의 저술 시기는 기원전 402년경이므로, 여기서 말하는 뇌물을 준 사람은 아테네의 폴뤼크라테스로 보이고, 이 스메니아스는 이 사람으로부터 아테네의 민주정을 부활시키기 위해 뇌물을 받은 것으로 보인다(Sharples(1985), p. 169).

202 **이 사람을 최고 관직에 선출했네** : 아뉘토스는 기원전 409년에 스트라테고스(stratēgos)로 선출되었다고 한다. 스트라테고스는 군대 지휘와 국가 행정을 함께 담당한 고위 관료직이었다.

203 **자네 자신의 손님(xenos)인 여기 이 메논** : 메논이 정치적인 이유로 아테네에 와서 아뉘토스와 함께 머물고 있었다는 것을 시사한다.

204 **제화공(skytotomos)** : 소크라테스는 제혁업에 종사한 아뉘토스의 아버지의 직업을 암시하고 있는 것으로 보인다.

205 **아울로스** : 리드를 가진 그리스의 관악기로서 오보에와 유사하다.

206 **다른 사람들에게 수고를 끼치는 것(allois de tisin pragmata parechein)** : 블럭과 톰슨에 따라, 'allois … parechein' 다음에 오는 '그가 이들로부터 배움으로써'(zetounta manthanein para toutōn)를 삭제하였다. '그가 이들로부터 배움으로써'가 있게 되면 'parechein'의 주어는 사람들이 아울로스 연주자로 만들길 바라는 그 '누군가'가 될 수밖에 없는데, 문장 전체의 연결을 고려하면 'parechein'의 주어를 '누군가를 아울로스 연주자로 만들길 바라는 사람들'로 보는 것이 가장 자연스럽기 때문이다.

207 **열려 있는 사람들(koinos)** : 배우길 원하는 이 모든 사람들의 교사들이라고 그들 자신을 공개적으로 밝히는 사람들.

208 **소피스트들(sophistai)** : '지자들'을 의미하고, 특정 분야에 있어서 전문적 식견을 가진 사람들을 지칭한다. 앞서 노예 아이의 예에서는 기하학자들을 가리키는 개념으로 사용되었다(85b4). 여기서는 프로타고라스나 고르기아스처럼 정치학이나 수사학의 분야에서 뛰어난 역량을 보여 주었던 전문 교사들을 지칭한다.

209 **프로타고라스** : 기원전 약 480~410년에 살았던 압데라 출신의 소피스

트. 당시 소피스트들 가운데 가장 많은 보수를 받은 가장 영향력 있는 교사들 가운데 한 사람으로 알려져 있다. 저서로는 『신들에 관하여』, 『진리』 등이 있는데, 특히 『진리』는 『테아이테토스』에서 상세하게 고찰되고 있다. 플라톤은 그의 아테네 방문에 대해 『프로타고라스』에서 말하고 있다.

210 **페이디아스** : 그리스 아테네 출신으로 파르테논 신전의 건축(기원전 약 447~438년)을 직접 감독하고 여기에 자신의 작품을 설치하기도 했던 페리클레스 시대 최고의 조각가.

211 **신령한(daimonios)** : 플라톤은 신령(daimōn)을 신과 인간의 중간자로 묘사한다. 소크라테스는 『소크라테스의 변명』(27c~e)에서 자신의 내면에서 울려 나오는 '신령한' 소리에 대해 말한다. 여기서는 소피스트들에 대해 아무것도 모르면서도 아는 것처럼 주장하는 아뉘토스의 태도를 빗대어 반어적으로 말하는 것이다. 이러한 반어법은 곧이어 그를 '예언자'에 비유함으로써 더욱 증폭된다.

212 **언급했던** : 91a2~6.

213 **훌륭하고 뛰어난(kaloi kágathoi)** : 우리말로 옮길 때 '지고지선(至高至善)한'이 번역어의 간결성과 그리스어와의 의미의 대응성 측면에서 바람직하나, 일면 도덕적 의미의 '성인'을 지칭하는 것으로 받아들여질 수 있어 여기서는 원의에 따라 번역하였다. 이 개념은 자신이 종사하는 특정 분야에서 도덕적으로뿐 아니라 정치적 · 기능적으로 최고의 단계에 도달한 사람들에게 부여되는 술어이기 때문에, 교사들의 유능성과 탁월성을 고찰하는 앞으로의 논의에서 'agathos'는 '뛰어난'으로 옮긴다(주석 40 참고).

214 **테미스토클레스** : 아테네의 민주주의 정치가이자 뛰어난 해군 전략가(기원전 약 528~462년). 페르시아 전쟁에서 크세륵세스가 이끄는 페르시아 함대를 살라미스 해협에서 크게 무찌른 것으로 유명하다. 이후 아테네에서 추방되어 한때 그의 적국이었던 페르시아로 망명하였다.

215 **클레오판토스** : 버릇없는 망나니였던 것으로 보인다. 93e 참고.

216 **나쁘다고는** : 열등하다고는.

217 **사실 자네에게야 … 이 사람이었네** : 소크라테스는 아뉘토스가 예전에 가졌던 확신, 즉 테미스토클레스가 탁월함의 교사였다는 생각을 이제는 포기해야 한다는 것을 함축적으로 지적하고 있다.

218 **아리스테이데스** : 아테네의 정치가이자 장군(기원전 약 520~468년). 기원전 489/8년에 집정관을 지냈고, 테미스토클레스와 협력하여 살라미스 해전의 대승을 이끈 데 일조했다. 계략에 밝은 테미스토클레스와 달리 정직함으로 유명하였다. 헤로도토스는 그가 '정의로운 자 아리스테이데스', '아테네에서 가장 훌륭하고 제일 정의로운 사람'으로 불렸다고 전한다.

219 **뤼시마코스** : 아리스테이테스의 아들이자 앞서 언급된 뤼시마코스의 손자.

220 **페리클레스** : 아테네의 정치가(기원전 약 495~429년). 아테네의 민주정치의 기초를 확립했고, 델로스 동맹에 대한 지배를 강화함으로써 제국으로서 아테네의 전성기를 이끌었다. 플라톤은 시민들에 대한 교육을 소홀히 한 것과 관련해 그를 비판적으로 평가하고(『고르기아스』 515e~516d), 교육자로서의 그의 무능을 꼬집기도 한다(『알키비아데스 I』 118c 이하).

221 **파랄로스와 크산티포스** : 페리클레스의 두 아들로서 모두 기원전 429년에 흑사병으로 죽었다. 두 사람은 『프로타고라스』에서 등장하고 (315a), 거기서 페리클레스는 자식의 탁월함을 자식들에게 전달하지 못한 실패한 교사로 그려진다(319d 이하).

222 **그건** : 사람을 뛰어나게 만드는 것, 즉 탁월함은.

223 **이 일** : 탁월함을 가르치는 일.

224 **그러나 … 자네가 생각하지 않도록** : 탁월함이 가르쳐질 수 없다는 것이 테미스토클레스, 아리스테이데스, 페리클레스 같은 소수의 아테네인들이나 다른 열등하고 무능한 사람들에게만 해당되는 것이 아님을 아뉘토스에게 환기시키고 있다. 탁월함이 가르쳐질 수 없다는 명제는

개별 경우에만 적용되는 것이 아니라 신분의 고하를 막론하고 누구에게나 보편적으로 적용되는 것임을 플라톤은 시사하고 있다. 이어지는 투퀴디데스의 예에서도 이 점이 강조된다. 결국 소크라테스는 94e2에서 돈이 있고 없고, 신분이 높고 낮고, 친구가 있고 없고와 관계없이 탁월함은 가르쳐질 수 없는 것이라는 보편적 결론에 도달한다.

225 **투퀴디데스**: 『펠로폰네소스 전쟁사』를 저술한 역사가 투퀴디데스가 아니라, 페리클레스의 정적이었던 아테네의 정치가.

226 **멜레시아스, 스테파노스**: 투퀴디데스의 아들인 멜레시아스는 아리스티데이스의 아들인 뤼시마코스와 함께 『라케스』에서 언급된다(179a). 스테파노스에 대해서는 이름 외에 전해지는 것이 거의 없다.

227 **이 사람은 … 말일세**(houtos ouk an pote, … tauta men edidakse tous paidas tous hautou, … tauta de ouk edidaksen, ei didakton ēn): 돈이 들든 들지 않든 투퀴디데스가 두 자식에게 뛰어난 사람이 되는 데 필요한 모든 것들을 가르쳤을 거라는 말이다. 문장이 복잡하고 번역자들 간에도 이견이 많다. 특히 'ouk an pote'를 어디에 연관시키는가에 따라 해석이 달라질 수 있는데, 여기서는 'ouk an pote'를 'oupote'로 읽었고 — 'ou'와 'pote' 사이에 다른 많은 단어들이 들어가는 경우도 있다 — 이것을 뒤에 나오는 'ouk edidaksen'을 수식하는 것으로 보았다. 궁극적으로 강한 긍정을 나타내는 이중부정의 구문으로 읽고 옮겼다.

228 **아니면**(alla gar): 'alla gar'의 원의에 충실하게 옮기면 "그러나(alla) 그게 아니면, 즉 가르쳐질 수 있는 것들임에도 불구하고 그가 이것들을 가르칠 수 없었다면, 그것은 말하자면(gar) 투퀴디데스가 비천한 사람이었고, 아테네인들뿐 아니라 동맹국의 사람들 중에 아주 많은 친구들을 두지 않았기 때문인가?"이다.

229 **아니면 … 친구가 많이 없었다는 것인가?**: 신분이 비천하고 친구가 없어서, 결국 돈을 주고 마땅한 교사를 찾을 수 없어서, 그는 그의 아들을 훌륭하게 만들길 원했더라도 훌륭하게 만들지 못했던 것인지를 묻고 있다. 당연히 투퀴디데스는 그런 이유 때문에 탁월함을 자식들에게

가르칠 수 없었던 것이 아니다. 투퀴디데스는 고귀한 가문 출신이고, 재력도 있었으며, 친구들도 많았다. 그래서 그가 그의 탁월함을 자식들에게 가르칠 수 없었다면, 그것은 신분 때문도, 돈 때문도, 대인관계 때문도 아니라는 것이다. 이어지는 문장에서 이 점을 소크라테스는 분명히 밝히고 있다.

230 아테네에서도 : 원문에는 '나라에서도'로 되어 있다.

231 그러나(alla gar) : 'alla gar'의 원의에 충실하게 번역하면, "그러나(alla) 그는 자식들을 뛰어난 사람들로 만들 사람을 발견하지 못했는데, 그것은 말하자면(gar) 탁월함이 가르쳐질 수 있는 게 아닌 듯싶기 때문이네."이다.

232 더 쉽지만(rāon) : 버넷에 따라 비교급 'rāon'으로 읽었다. 사본 B, T, W, F에 따라 원급 'radion'으로 읽으면, "왜냐하면 아마 다른 나라에서도 사람들을 이롭게 하거나 해롭게 하는 게 쉽지만"으로 번역된다.

233 이것 : 탁월함을 가르치는 것.

234 테오그니스 : 기원전 6세기에 살았던 메가라 출신의 그리스 비가 (elegeia) 시인. 다른 대화편에서도 인용된다(『뤼시스』 212e, 『법률』 630a).

235 시(epē) : 'epē'(단수는 'epos')는 좁게는 서사시를 지칭하지만, 여기서는 시 일반을 가리킨다. 테오그니스는 자신의 비가를 'epē'라 불렀고, 그리고 기원전 3세기의 대표적 목가시인인 테오크리토스도 그리스 초기 서정시인인 아르킬로코스의 비가를 'epē'로 지칭했다(Bluck(1961), p. 392).

236 그 자신이 … 자넨 알겠지? : 직역하면 "그 자신이 다시 자신에게 동일한 것에 관해 상반된 것들을 말한다는 걸 자넨 알겠지?"이다.

237 그 문제와 관련해서 훌륭하고 뛰어나다고 인정받는 사람들이 : 가독성을 위해 '그들 자신이'(autoi)를 번역하지 않았다. 이것을 추가하여 옮기면 '그들 자신이 그 문제와 관련해서 훌륭하고 뛰어난 자들로 인정받는 그런 사람들이'이다.

238 형편없는(phaulos) : 'phaulos'는 사회적 지위나 신분에 있어서 미천한 것을 의미하기도 하고 개인의 어떤 지적 능력에 있어서 미천한 것을 의미하기도 한다. 94b9와 94d4에서의 'phaulos'는 전자에 해당하고, 여기서의 'phaulos'는 후자에 해당한다. 전자의 경우 '비천한'으로 옮겼고, 여기서는 '형편없는'으로 옮겼다. '하찮은', '무능한'으로 옮겨도 무방하다.

239 '올바르게'로(orthōs) : 버넷은 'orthōs'를 삭제한다. 사본 B, T, W, F에 따라 'orthōs'를 첨가하여 옮겼다.

240 그런 것에는 : 올바른 행위를 인도하는 것에는.

241 다이달로스 : 그리스 신화에 나오는 전설적인 조각가. 크레타의 왕 미노스를 위해 미궁을 지었다고 한다. 『에우튀프론』(11b~c)에서 소크라테스는 다이달로스를 그의 선조로 언급하고 있다.

242 원인의 추론(logismos aitias) : 참된 확신의 결점은 머무르지 않고 도망간다는 데 있다. 이것은 물론 비유적 표현이다. 플라톤이 실제로 말하는 것은 참된 확신은 어떤 사태를 '~이다'로 판단하지만, 이 판단은 머무르지 않고 동시에 '~이 아니다'라는 판단으로 이행한다는 것이다. 참된 확신이 올바르게 '~이다'라는 판단에 성공적으로 도달할 수 있지만, 이 성공은 항상적인 것이 아니라는 것이다(여기에 대해서는 『국가』에서의 '손가락의 예' 참고). 왜냐하면 참된 확신은 가령 '탁월함'을 그 자체로서, 즉 어떤 하나의 단일한 사태 또는 형상으로서 고찰하지 않고, 항상 경험적 판단에 호소하면서 '남자'나 '노예'와 같은 다른 것과의 관계 속에서 뒤섞어(synkechymenon) 고찰하기 때문이다. 결국 참된 확신 속에서 파악된 탁월함에는 오직 탁월함 자체에만 속해야 할 것들이 속하지 않고 탁월함 아닌 것들에 속하는 것들까지 '혼란하게' (synkechymenon) 속하게 되는 것이다. 이 점을 이해하면 여기서 플라톤이 '원인의 추론'을 통해 요구하는 것은 분명하다. 참된 확신은 어떤 사태를 그 자체로 고찰한다고 확신하고 강변하지만, 참된 확신이 확신하는 것은 사실 그 사태 자체가 아니기 때문에 우리는 참된 확신 속

에서 '혼란하게' 파악된 사태로부터 참된 확신이 본래 파악하려는 '사태 자체'(auto to pragma)를 분리시켜 그것을 그 자체로서 사유하고 추론해야 한다는 것이다. 플라톤은 '사태 자체'를 다른 사태와 달리 오직 그것만이 이룰 수 있는 '기능'(ergon)으로도 부르고, 오직 그 사태에만 속하는 '단일한 형상'(hen eidos)으로도 부르며, 더 나아가 그 사태를 다른 것에 속하지 않고 오직 그 자체에만 속하게 하는 데 책임이 있는 것, 즉 '원인'으로 부른다. '기능'이나 '형상'이나 '원인'은 그 현상에 있어서는 경험에 의해서도 어느 정도 드러나지만, 그 자체로서는 오직 계산하고 숙고하는 이성적 사유의 추론을 통해 포착될 수 있는 것이다.

243 앞에서 : 소크라테스는 '원인의 추론'으로서 상기에 대한 규정을 앞에서 직접적으로 제시하지는 않았지만, 아마도 여기서는 올바른 확신으로부터 인식으로 이행할 수 있는 가능성을 설명하는 『메논』 85c~d의 구절을 염두에 두고 말하는 것으로 보인다.

244 그러면 … 때문에 : 두 종속절이 언급되고, 문장은 여기서 끝난다. 주절은 빠져 있다.

245 고찰했네 : 89b 이하.

246 생각되지 않았나? : 87c5~6, 89d3~4.

247 생각되었지? : 87c2~3.

248 생각되었지? : 89d6~e3.

249 동의했지? : 96b6~8.

250 동의했지? : '탁월함이 가르쳐질 수 있는 것이 아니다'라는 것은 96c10에서 최종적으로 동의됐지만, '탁월함이 앎이 아니다'라는 것은 이전에 동의된 적이 없고, 다만 '탁월함이 인식이라면 탁월함은 가르쳐질 수 있는 것이다'(89c5~6, 89d3~4)라는 주장과 '탁월함은 가르쳐질 수 있는 것이 아니다'(96c10)라는 주장으로부터 간접적으로 따라 나올 수 있는 주장이다.

251 동의하지? : 87d2~3.

252 사람이 올바른 것을 향해 인도하는 일들의 경우(hōn) 이 둘, 즉 참된 확신
과 인식이 인도하는 것이네 : 사본 F와 버넷에 따라 읽었다. 사본 B, T,
W는 'hōn' 대신 'ō'로 읽는데, 그러면 "인간이 올바른 것을 향해 인도
할 때 지니는 것들은 이 두 가지, 즉 참된 확신과 인식이네"라고 번
역된다.

253 테미스토클레스 같은 사람들(hoi amphi Themistoklea) : 'hoi amphi
Themistoklea'는 테미스토클레스를 비롯하여 그와 연관된 사람들, 가
령 그의 추종자나 그와 유사한 정치가들을 가리킨다. 여기서는 '그의
추종자들'이라기보다는 '그와 같은 다른 정치가들'을 가리킨다.

254 아뉘토스가 방금 말하고 있었던 사람들 : 아뉘토스는 92e3~4에서 아테
네에 '훌륭하고 뛰어난 사람들'이 있다는 것을 언급하지만, 실제로 그
들을 거명하는 것은 소크라테스이다(93c, 94a~c).

255 뛰어난 확신(eudoxia) : 'eudoxia'는 일반적으로는 '좋은 평판'을 의미하지
만, 어원적으로는 '뛰어난 확신'을 뜻한다. 여기서 소크라테스는 'orthē
doxa', 'alēthes doxa'를 'eudoxia'라는 한 단어로 표현하고 있다.

256 "이 사람은 신적인 분이오" : 아리스토텔레스, 『니코마코스 윤리학』
1145a29 참고.

257 "하데스에 … 떠돈다" : 호메로스, 『오뒤세이아』, 10, 494~5 참고.

258 그 자체가 그 자체에 있어서 : 주석 189 참고.

작품 안내

I. 작품의 배경과 주제

기원전 5세기는 그리스의 아테네가 민주주의의 발흥과 함께 급격한 사회변동을 겪었던 시기이다. 민주주의의 성장은 전통적인 사회질서를 뿌리째 흔들었고, 그리스인들의 사고방식과 가치관을 근본적으로 바꿔 놓았다. 특히 정치적 참여의 문호가 모든 시민들에게 개방됨에 따라 사회적 성공을 열망하는 사람들의 수가 급증하였다. 민주적 의사 결정에 필수불가결한 합리적 토론과 비판적 논쟁은 개인의 지적이고 정치적인 역량, 즉 탁월함(aretē)을 입증하는 주요 수단이 되었고, 개인의 입신양명을 위해 비판과 설득의 기술을 가르치고 배우는 교육의 수요가 지속적으로 증대될 수밖에 없었다.

전통과 현대가 갈리는 시점에서, 그리고 구시대의 가치와 삶이 근원적 도전에 직면한 시점에서 소피스트는 교육에 대한 시대의 필요와 수요를 충족시킬 수 있는 교사로서 그리스 아테네에 등장하였다. 소피스트들은 그리스어 글자 그대로 당대의 '지자들'을 자처했고, 인간이 추구해야 할 보편적 가치를 철저히 외면한 채 민주주의라는 특정한 정치형태에 적합한 인간의 양성에만 몰두했으며, 그렇게 한 시대를 경쟁과 출세의 피상적 가치에 매몰시켰다. 다른 한편으로 대화와 토론의 중요성을 역설하는 소크라테스 역시 넓게는 이와 같은 시대의 커다란 흐름 속에서 출현했다. 소크라테스가 간혹 소피스트로 오인받은 것도, 그리고 전통적 가치를 무시하고 잘못된 교육을 통해 젊은이들을 타락시킨다는 죄목을 뒤집어쓰고 사형당한 것도 바로 이 때문이다. 민주제에 편승하면서도 보수적 성향을 띤 아뉘토스가 소피스트의 적대자뿐 아니라 동시에 소크라테스의 주 고발자가 된 것은 소피스트와 소크라테스가 당시의 보수적 정치가들에게 어떻게 비쳐졌는지를 여실히 보여 준다.

출발점에서는 서로 비슷한 포괄적 목표를 지향하더라도 시간이 흐르면서 각자의 입장이 세분화되는 것은 사상사에서는 매우 자연스러운 일이다. 전통적 질서에 대한 향수를 가진 사람에게는 소피스트나 소크라테스는 똑같이 '위험한' 개혁가로 보였겠지만, 소피스트와 소크라테스는 서서히 고유의 철학 노선을 형성해 갔고, 서로에 대한 비판과 견제를 통해 각자의 철학적 이상을 독자적으로 펼치기 시작했다.

이러한 세부적인 차별화의 과정은 심지어 소피스트들 내부에서도 이루어졌다. 프로타고라스는 모든 견해와 확신(doxa)은 주관적으로 타당하며, 그런 타당한 확신들 간의 객관적 우열은 없더라도 실용적 우열은 있을 수 있다고 생각했다. 따라서 그는 미래에 더 큰 효력과 성과를 낼 수 있는 '더 나은' 확신들을 형성하는 데 있어서 현자와 우자의 구별이 있을 수 있다고 주장했다. 프로타고라스는 그런 식으로 탁월함의 교사로서 자신의 가치와 존재 이유를 정당화한다. 반면 고르기아스는 프로타고라스의 '소피스트주의' 철학 이념은 공유하면서도, 그와는 달리 모든 확신들은 본질적으로 기만적이고 불확실하며 현자와 우자의 차이는 '더 나은' 확신을 형성하고 전달하는 데 있기보다는 허위적일 수밖에 없는 확신들을 얼마나 잘 활용하고 참인 것처럼 설득하는가에 달려 있다고 보면서, '정의로운 사기'라는 관념을 만들어 내기도 했다. 프로타고라스는 정치적 탁월함의 교사를 자처했지만, 고르기아스는 가르치는 교사가 아닌 설득하는 수사학자로서의 자신의 역할을 강조할 뿐이다. 이처럼 소피스트들 내부에서도 입장의 차이가 선명하게 드러나기 시작했다.

더 나아가 젊은이들을 타락시킨 나쁜 교육자로 고발된 소크라테스는 『소크라테스의 변명』에서 제자를 가르치는 교사로서의 자신의 역할을 강하게 부인했다(33a). 얼핏 보면 소크라테스는 프로타고라스보다는 고르기아스에 가까운 소피스트처럼 보이지만, 소크라테스는 이런 피상적 동일성을 넘어 자신이 왜 프로타고라스뿐 아니라 고르기아스와도 다른 철학자인지를 보여 주는데 혼신의 노력을 기울였다. 프로타고라스와 고르기아스와 소크라테스는 비판과 논쟁의 역사를 새롭게 개척한 철학자들이라는 점에서 공통되더라도, 그리스 철학의 미시적 전개사 속에서 보면 그들의 입장은 확연한 차이를 보인다. 『메논』은 이 세 철학자들 간의 차이의 양상과 논쟁의 초점이 어디에 있는지를 극적으로 묘사하고 있다.

『메논』에는 네 부류의 주요 인물이 언급되고 있다. 첫째 부류는 프로타고라스 같은 소피스트들의 집단이다. 이들은 자칭 탁월함의 교사이고, 가르침의 대가로 돈을 받는 직업 교사들이다(91d~e, 92d). 둘째 부류로서, 말을 잘하게 만드는 설득의 수사학자를 자처하는 고르기아스는 프로타고라스 같은 탁월함의 교사라고 공언하는 소피스트들과의 차별성을 강조한다(95c). 그리고 메논은 고르기아스의 제자로서 특히 여타 소피스트들에 대한 경멸 때문에 고르기아스에게 존경을 표하는 인물로 그려진다. 메논의 친고르기아스적 성향은 당시에 이미 프로타고라스와 고르기아스가 탁월함의 획득 문제와 관련하여 근본적인 입장 차이를 보이고 있었음을 명백하게 보여 준다. 셋째 부류로서, 전통적

질서를 옹호하는 보수적 성향의 민주파 정치가 아뉘토스는 모든 소피스트들로부터 탁월함의 교사로서의 자격을 박탈하고(90c), 그 대신 선대의 훌륭하고 뛰어난 정치가들을 탁월함의 교사들로 내세우며, 그들과의 교제를 통한 탁월함의 전달 가능성을 피력한다(93a). 그런 식으로 아뉘토스는 소피스트들과의 차별성을 주장한다. 마지막 부류로서, 소크라테스는 프로타고라스, 고르기아스, 그리고 아뉘토스 모두와 일정한 거리를 취한다. 비록 프로타고라스, 고르기아스, 아뉘토스가 각기 탁월함의 교육 가능성에 대해 상이한 입장을 취한다고 주장하더라도, 소크라테스에게는 이들이 정보의 외면적 전달과 피동적 수용으로서 가르침과 배움의 개념을 공유하는 한 근본적으로 같은 입장을 취하는 것으로 보였다. 따라서 소크라테스는 가르침과 배움에 관한 새로운 이해와 규정을 통해 그들과의 차별성을 드러내는 데 역점을 둔다.

『메논』의 주제는 탁월함의 획득 방식에 대한 질문이다. 탁월함이 가르침이나 배움을 통해 획득될 수 있는지, 그리고 탁월함의 교사가 있는지에 대한 질문은 아테네의 철학자와 교육자의 화두였고, 이 점을 플라톤 역시 『메논』을 쓰기 전에 이미 잘 알고 있었다. 따라서 플라톤은 『메논』에서 무엇보다도 스승인 소크라테스가 이 주제와 관련하여 프로타고라스와 고르기아스, 그리고 아뉘토스와 대결하는 철학적 방식의 고유성을 밝히고자 하였다. 프로타고라스, 고르기아스, 아뉘토스, 그리고 소크라테스가 탁월함의 가르침과 배움을 개념적으로 이해하는 데 의견의 불일치를 보이는 이상, 이 불일치를 극명하게 드러내고 또 가능하다면 해소하는 것은 플라톤에게 있어 나쁜 교육자로 낙인 찍혀 처형된 스승 소크라테스의 죽음을 변론하는 작업이자 참된 교육으로서 철학의 진정한 가치와 역량의 소재(所在)를 파악하는 작업이기도 했다. 그런 의미에서 『메논』은 소크라테스가 당대에 어떤 의미의 교사였고 또한 어떤 의미의 교사이길 거부했는지를 해명하는 또 하나의 『소크라테스의 변명』이라고 할 수 있다.

II. 작품의 줄거리

1. 도입부 : 메논의 문제 제기와 소크라테스의 제안(70a~71d)

대화편은 젊고 부유하고 잘생긴 테살리아의 귀족인 메논이 노철학자인 소크라테스에게 자신감과 확신에 찬 어조로 묻는 데서 시작한다: "탁월함은 가르쳐질 수 있는 것입니까? 아니면 … 수련될 수 있는 것입니까? 아니면 … 본성적으로 사람들에게 생기거나 아니면 다른 어떤 방식으로 생기는 것입니까?"(70a) 대화편의 단도직입적인 시작에서 소크라테스는 메논에 대한 소피스트의 영향을 목격하고서, 메논의 질문을 곧바로 고르기아스의 가르침과 연관시킨다. 그는 고르기아스가 테살리아인들에게 심어 준 지혜를 아테네인들이 직면한 '지혜의 가뭄'과 대비시키면서 한 아테네인의 입을 통해 다음과 같이 말한다: "하지만 난 탁월함이 가르쳐질 수 있는 것인지, 아니면 가르쳐질 수 없는 것인지를 알지 못합니다. 나는 실은 탁월함 자체가 도대체 무엇인지도 전적으로 알지 못하니까요."(71a) 따라서 소크라테스는 메논의 질문에 직접적으로 답하기 전에 탁월함의 본질을 먼저 규정할 것을 제안한다.

소크라테스는 물론 탁월함이 규정되기만 하면 메논의 질문이 충분하게 답변될 수 있다고 주장하는 것은 아니다. '무엇인가?' 물음은 탐구되는 개념에 대한 대화 참여자들의 이해가 일치되지 않을 때 제기된다. 메논이 제시한 질문에는 당시 이해의 불일치를 겪었던 개념들, 특히 탁월함과 가르침 또는 배움이라는 개념들이 포함되어 있다. 메논의 질문에 올바르게 답변하기 위해서는 대화자들 간의 개념의 이해 및 사용의 불일치를 먼저 해소해야 하고, 이를 위해서는 불일치를 겪고 있는 개념들을 규정해야 한다. 논의되는 개념들이 규정될 때 비로소 처음에 제기된 물음은 충분하게 답변될 수 있기 때문이다. 따라서 소크라테스는 탁월함의 교육 가능성과 불가능성에 관한 합리적 해결을 찾기 위해 세 단계에 걸쳐 문답법적 탐구를 진행한다.

첫째 단계는 탁월함의 본질에 관한 상호 동의 가능한 인식을 이끌어 내는 것이다. 소크라테스가 '탁월함은 무엇인가?'에 대한 선행 탐구를 지속적으로 주장하는 것은 그것이 메논의 문제 제기에 대한 해결의 최소 필요조건이기 때문이다. 둘째 단계는 배움 또는 가르침의 본질에 관한 상호 동의 가능한 인식을 이끌어 내는 것이다. 소크라테스는 직접적으로 '배움은 무엇인가?'라는 물음을 제기하고 탐구하지는 않지만, 소위 '메논의 난제'(80d~e)가 나타날 수밖에 없는 상황을 조성함으로써 대화편의 논의를 배움의 본질에 관한 규정의 문제로까지 이끌어 간다. 셋째 단계는 메논의 질문을 구성하는 두 개념, 즉 탁월함과 배움/가르침의 결합 가능성과 불가능성에 대한 검토를 통해 메논의 문제 제기에 대한 최종 답변을 이끌어 내는 것이다. 소크라테스는 가설의 방법을 활용하면서 탁월함의 교수 및 학습 가능성에 관한 잠정적 결론에 도달한다. 이 세 단계가 대화편의 큰 뼈대를 이룬다.

소크라테스와 메논의 대화는 세 가지 상이한 질문을 중심으로 전개되지만, 이러한 논의 전개의 연속성과 통일성을 이해하기 위해서 우리가 놓쳐서는 안 될 중요한 방법적 요소가 있다. 소크라테스는 합리적 탐구의 가장 효율적인 모델로서 문답법(dialektikē)을 활용하였고, 그에게 철학은 단적으로 문답법이었다. 하지만 그의 문답은 말로 상대방을 격파하고 궤변 논리로 승리를 쟁취하는 데 일차적 목적을 두는 소피스트들의 문답이나 떠오르는 생각들을 합리적 검토 없이 피상적으로 교환하는 일반인들의 문답과 달리, 합리적 방법과 공정한 규칙에 의해 규제되는 기술로서 다음과 같은 특징들을 지닌다.

첫째, 문답법은 탐구되는 사태의 사례나 현상(pathos)이 아니라 사태의 본질과 규정성(ousia)을 지향한다. 둘째, 문답법은 주어진 확신(doxa)의 옳고 그름을 검증할 때 항상 상대방에 의해 미리 동의된 것들로부터 수행한다. 동의되지 않은 것들을 통해 도출된 결론은 문답법에서 논리적 효력을 발휘할 수 없다. 셋째, 문답법은 대화의 전 과정을 규제하는 보편적인 논리적 공리로서 모순율을 전제하고, 문답법적 탐구의 모든 성과는 궁극적으로 모순율의 논리적 필연성에 종속된다. 따라서, 넷째, 문답법은 특정한 확신의 진위를 검증할 때 그 확신의 소유자가 모순을 범하는지 범하지 않는지에 주목한다. 어떤 대화자도 자신의 주장에 모순이 있다는 것을 스스로 인정한다면, 모순율의 논리적 필연성 때문에 자신의 확신이 잘못된 것임을 수용할 수밖에 없다. 모순의 발견은 사태와 사례의 차이를 무시하는 사유 방식인 확신(doxa)의 자기확실성을 깨는 수단이자 확신 속에 내재된 혼란(synkechymenon)을 해체시켜 가는 본질적 계기이고, 모순의 불가능성에 대한 지각은 사태 자체의 인식을 성취하기 위한 추가적 세부 구별의 필요성의 지표가 된다. 마지막으로, 문답법은 시종일관 '무엇인가?' 물음을 중심으로 펼쳐지고, 이 물음에 대한 대답으로 주어진 확신들에 대한 반복적 논파를 통해 사태 자체의 인식에 조금씩 근접하도록 유도한다. '무엇인가?' 물음에로의 반복적 회귀는 사태 자체에 대한 탐구의 정체(停滯)가 아니라 도약과 진전의 표시이다.

플라톤의 문답법은 '시험'과 '검증'과 '반박'을 통한 인식 추구의 기술이다. 따라서 그의 문답법은 그 본질에 있어서 '시험', '증명', '검토', '반박'의 의미를 포괄적으로 담고 있는 '엘렝코스' (elenchos)이다. 그리스어 '엘렝코스'를 '논박'으로 옮기는 것은 사태 자체의 인식이 근본적으로 모순의 발견과 이를 통한 주어진 확신의 반박을 통해 비로소 매개될 수 있다는 점에서 부적절한 번역은 아니지만, '엘렝코스'가 수행하는 적극적 역할을 왜곡할 수 있는 소지를 가지고 있다. 가령, '엘렝코스'가 '논박'이라면, '엘렝코스'는 상대방의 확신의 반박 자체를 목적으로 삼는 기술로 이해될 수 있다. 그러나 '엘렝코스'가 그 결과의 측면에서 상대방의 확신에 대한 '논박'일 수 있더라도, 그 목적의 측면에서는 상대방의 확신에 대한 '검증'과 '검토'를 가리킨다. 플라톤의 문답법은 '엘렝코스'의 기술이고, '엘렝코스'의 기술은 상대방의 확신을 논리적으로 검증하거나 반증하는 '합리적 검증과 비판적 검토의 기술'이다.

플라톤의 『메논』은 '비판적 검토'로서의 '엘렝코스'를 통한 문답법의 대표적 실천 사례를 우리에게 제공한다. 소크라테스는 탁월함의 본질에 관한 메논의 확신들을 비판적으로 검증하고, 상기(想起)를 배움의 본질로 규정하는 소크라테스 자신의 확신을 노예 아이와의 대화를 통해 검증하며, 가설에서 출발하여 탁월함의 교육 가능성과 불가능성을 논증적 추론을 통해 방법적으로 검증한다. 따라서 독자는 소크라테스가 주도하는 문답들을 그 결과의 측면이 아닌 비판적 검토와 검증 과정의 측면에서 읽을 때 대화편의 진가를 음미할 수 있을 것이고, 서로 다른 질문들을 다루면서 불연속적으로 진행하는 것처럼 보이는 대화편의 흐름을 소크라테스의 문답법의 다양한 형태들, 즉 '엘렝코스'와 '상기'와 '가설의 방법'에 놓여 있는 본질적 동일성의 측면에서 바라보고 포착할 때 대화편의 진정한 통일성과 연속성을 파악할 수 있을 것이다.

2. '탁월함이란 무엇인가?' : 비판적 검토(elenchos)(71e∼80d)

1) 메논의 첫째 답변 : 탁월함의 여러 사례들의 열거(71e∼73c)

소크라테스의 무지의 반어법이 제시된 후 대화는 '탁월함이 무엇인가?'에 집중된다. 소크라테스는 탁월함에 대한 그의 '전적인' 무지를 고백한 반면, 메논의 첫째 답변은 거침없다: "그야 말하기 어렵지 않습니다, 소크라테스. 우선 당신께서 남자의 탁월함을 원하신다면, 그건 쉽습니다. 이게 남자의 탁월함입니다. …

그리고 여자의 탁월함을 원하신다면, 그걸 설명하는 것도 어렵지 않습니다."(71e) 메논은 확신에 차 있다. 또한 모든 탁월함들에 공통된 동일한 하나의 본질을 상정하는 소크라테스의 입장 자체를 우회적으로 거부하려는 메논의 자의식도 엿보인다. 하지만 소크라테스의 시각에서 볼 때, 메논은 하나의 탁월함과 탁월함의 여러 사례들을 혼동하고 있다. 그래서 소크라테스는 '무엇인가?' 물음이 지향하는 것은 모든 탁월함들에 공통되는 '하나의 형상'이라는 것을 재차 설명하면서, 메논의 규정에 대한 비판적 검토에 들어간다.

메논에 따르면, 탁월함에는 여러 개별적 탁월함들이 있고, 이것들은 서로 다르다. 그런데 소크라테스와 메논은 '모든 사람들의 탁월함은 동일하다'(73c)는 데 함께 동의한다. 이것은 메논 자신의 규정에 모순되는 것에 대한 동의이고, 메논 스스로 두 명제 간의 상충을 지각하는 한, 그는 자신의 규정과 확신을 스스로 포기해야만 한다. 이것은 소크라테스라는 한 인간의 요구와 명령이 아니라 논리의 요구와 명령이다.

2) 메논의 둘째 답변 : '사람들을 지배할 수 있는 것'(73c~74b)
첫째 규정과 확신에 대한 메논 자신의 포기는 사유의 중단이 아니라 진전을 가져온다: "사람들을 지배할 수 있는 것 외에 달리 무엇이겠습니까? 당신께서 정말 모든 사람들에 적용되는 하나의 어떤 것을 찾고 계시다면 말씀입니다."(73c~d) 이번에 메논은 탁월함의 사례들 대신에 모든 사람들에 공통되는 보다 보편적인 탁월함을 제시한다. 그러나 이것 역시 두 가지 측면에서 비판적으로 검토된다.

메논은 모든 사람들의 탁월함은 동일하다는 데 이미 동의했다. 그렇다면 이로부터 필연적으로 '아이와 노예의 탁월함은 같다'는 것이 따라 나온다. 결국 메논은 '노예가 지배하는 자'라는 결론을 받아들이는 수밖에 없다. 그러나 많은 노예들을 대동하고 아테네를 방문한 메논은 상식적으로 노예는 지배하는 자가 아니라 지배받는 자라고 확신할 것이다. 그렇다면 노예가 지배하는 자이면서 동시에 지배받는 자라는 것을 긍정하는 셈이고, 이는 모순이다. 모순율의 필연성에 따라 메논은 논리적으로 설득된다.

다른 한편 소크라테스는 메논의 답변에 '정의롭게'를 덧붙여 탁월함을 '정의롭게 지배하는 것'으로 새롭게 규정한다. 메논도 이를 자신의 확신으로 피력하고, '정의는 탁월함이다'(73d)라고 말한다. 소크라테스는 메논의 이 언급을 집중적으로 공략한다. 소크라테스는 탁월함 자체와 탁월함의 일종을 구별하고, '정의'는 탁월함의 일종이라고 지적한다. 비록 그것이 '남자의 탁월함'과 같은 탁월함의 사례보다는 보편적일 수 있지만, 여전히 탁월함 자체를 규정하는, 즉 다른 사태와 다른 것으로 경계 짓는 요소일 수는 없다는 것이다. 메논은 탁월함의 일종과 탁월함의 근본적 차이에 대한 인식을 통해 그의 둘째 답변이 탁월함의 전체적 본질을 드러내는 설명이 아님을 깨닫는다.

3) '무엇인가?' 물음에 대한 소크라테스의 해명 : '형태'와 '색깔'의 예(74b~77b)

하나의 전체로서 탁월함의 자기동일적 본질에 대한 소크라테스의 질문의 의도를 정확히 포착하지 못한 메논은 소크라테스 자신의 답변을 요구한다. 따라서 소크라테스는 '무엇인가?' 물음에 대한 답변의 예로서 먼저 '형태'를 '사물들 가운데 유일하게 항상 색깔에 수반되는 것'(75b)으로 규정한다. 이 규정이 순진하다는 메논의 반론에 소크라테스는 보다 기하학적으로 '형태'를 '입체의 한계'(76a)로 규정한다. 그러자 메논은 다시 소크라테스의 첫째 규정에서 사용된 '색깔'이 무엇인지를 묻는다. 이에 소크라테스는 엠페도클레스의 자연학적 규정에 따라 색깔을 '시각에 들어맞고 지각될 수 있는, 형태들의 유출물'(76d)로 규정한다. 메논은 엠페도클레스적 정의를 선호하지만, 소크라테스는 이를 비극 투의 물리적 규정에 대한 메논의 선호 탓으로 돌린다.

4) 메논의 셋째 답변 : '훌륭한 것들을 욕구하면서 획득할 수 있는 것'(77b~79e)

소크라테스의 본질 규정의 예를 본받아 메논은, 셋째로, 탁월함을 '훌륭한 것들을 욕구하면서 획득할 수 있는 것'으로 규정한다. 소크라테스는 이 규정을 '훌륭한 것들의 욕구'와 '훌륭한 것들의 획득'의 두 부분으로 나누어 고찰한다.

먼저 소크라테스는 '훌륭하고 좋은 것들의 욕구'라는 규정에서 메논이 나쁜 것들의 욕구도 가능하다는 사실을 전제하고 있음을 밝혀낸다. 그런 뒤 소크라테스는 나쁜 것들을 욕구하는 것이 불가능하다는 사실을 논증하고 이에 대한 메논의 동의를 받아 냄으로써, 그 사실이 메논의 확신, 즉 나쁜 것들을 욕구하는 것이 가능하다는 것과 모순된다는 사실을 밝혀낸다. 모순율을 대화의 공통 규칙으로 받아들이는 한, 메논에게 자신의 확신에 뒤따르는 논리적 불합리를 피할 다른 어떤 방도는 없다.

'훌륭한 것들의 욕구'라는 규정이 포기되자, 다음으로 소크라테스는 메논의 규정을 '좋은 것들을 획득할 수 있는 것'이라는 규정에 한정하고, 메논의 둘째 답변에 대한 검토에서처럼 이 규정에 '정의롭게 그리고 경건하게'를 추가한다. 그렇다면 탁월함에 대한 메논의 확신은 다시 모순에 봉착한다. 왜냐하면 탁월함은 한편으로 좋은 것들의 정의로운 획득이지만, 좋은 것들의 획득이 정의롭지 못할 경우에 탁월함은 다른 한편으로 좋은 것들의 비획득이기 때문이다. 게다가 탁월함을 그런 식으로 규정하면, 탁월함을 정의와 절제와 같은 탁월함의 부분들을 가지고 규정하는 것이다. 탁월함을 부분으로 조각내어 규정하는 시도는 탁월함을 하나의 전체로서 규정하라는 소크라테스의 전체성의 요구를 근본적으로 충족시키지 못한다는 점에서 소크라테스에 의해 거부된다.

5) 메논의 난관과 '전기가오리'의 비유(79e~80d)

세 번의 비판적 검토를 거치면서 메논은 탁월함의 본질에 대한 궁극적 인식에는 도달하지 못했지만 탁월함 자체를 탁월함의 개별 사례들 및 종류들과 구별할 수 있는 안목을 갖추게 된다. 소크라테스는 메논의 확신들을 무너뜨리는 과정을 반복함으로써 탁월함을 하나의 전체로 규정하는 탐구의 길을 메논 스스로 열 수 있도록 돕는 '산파'의 역할에 충실했다. 반면 메논은 대화에서 패배했다는 사실에만 주목한다. 따라서 메논은 소크라테스의 비판적 검토를 상대방의 영혼과 입을 마비시키는 일종의 주술로 파악한다(80b). 이는 메논이 비판적 검토가 그 결과의 측면에서 부정적이고 파괴적인 것처럼 보이더라도 본질(ousia)과 형상(eidos)의 인식을 추구하는 부드러운 문답법적 정신의 소산임을 깨닫지 못했기 때문이다. 반면 소크라테스는 영혼의 마비와 무지로부터 그 자신도 자유롭지 못하다는 것을 강조하면서 비판적 검토의 성과로서 무지가 사실은 지(知)를 여는 결정적 계기임을 함축적으로 내비친다. 지를 향한 인간의 모든 탐구는 무지의 자각이 선행될 때 비로소 의미 있게 개시될 수 있다는 것, 이것이 메논의 확신들의 비판적 검토를 통해 소크라테스가 보여 주고자 한 교훈이다. 하지만 탐구 대상에 대한 무지가 탐구의 출발점을 이룬다는 소크라테스의 주장은 메논의 강력한 도전을 받게 된다.

3. '배움이란 무엇인가?' : 상기(80d~86c)

1) 메논의 논쟁적 반론 : '메논의 난제'(80d~80e)

소크라테스가 스스로 탁월함이 무엇인지를 '전적으로' 모른다고 고백하는 상황은, 메논 입장에서 납득하기가 쉽지는 않았을 것이다. 따라서 메논은 앞에서 "하지만 당신께서는, … 정말로 탁월함이 무엇인지도 모르시는 겁니까?"(71b~c)라고 반문했다. 무지가 탐구의 출발점이라는 것은 모든 것을 안다고 자처하는 유사 소피스트인 메논에게는 충분히 역설적인 것처럼 들릴 수 있다. 그래서 메논은 '전적인' 무지를 고백하는 소크라테스에게 전적으로 모르는 것은 탐구할 수 없다는 반론을 제기한다. 소크라테스는 메논의 반론의 배후에는 다음과 같은 '논쟁적 논변'이 의도되어 있다는 사실을 지적한다: "사람은 아는 것도, 알지 못하는 것도 결국 탐구할 수 없다는 것 말일세. 말하자면, 적어도 아는 것은 탐구하지 않을 걸세. 왜냐하면 이미 알고, 또 적어도 그런 사람은 탐구가 전혀 필요하지 않으니까. 그리고 알지 못하는 것도 탐구하지 않을 걸세. 무엇을 탐구해야 할지를 알지 못하니 말이야."(80e) 이제 대화편의 논의는 모르는 것에 대한 탐구의 가능성에 집중된다: 어떻게 모르는 것을 탐구할 수 있는가? 탐구가 모르는 것을 어떤 의미에서 알 때 가능하다면, 그런 앎은 어떤 의미의 앎인가? 상기는 이에 대한 대안으로 떠오른다.

2) '탐구와 배움은 모두 상기이다.'(81a~82a)

소크라테스는 영혼 불멸과 영혼 윤회 사상에 입각하여 배움을 전생에 배운 것의 상기로 규정한다. 배움이 모르는 것에 대한 것이지만 모르는 것을 전생에 이미 배웠다면, 그것은 전적으로 모르는 것이 아니라 단지 출생할 때 잊어버린 것일 뿐이다. 그래서 망각된 지는 무지이지만 전적인 무지는 아니기 때문에 지금 모르는 것에 대한 망각된 지를 상기하여 되찾음으로써 우리는 모르는 것에 대한 배움을 성취할 수 있다는 것이다. 언뜻 상기에 부여된 배움의 과제는 비교적 단순하고 쉬워 보인다. 왜냐하면 '지금' 여기서의 탐구는 '태어나기 전에' 이미 알았던 것을 기억해낼 때 바로 완성될 수 있다는 주장으로 들리기 때문이다.

그러나 신화적 논변을 오직 합리적 탐구와 배움에 대한 해명을 위해서만 고려할 경우(86b), 우리는 이 논변에서 설득력 있는 해석을 발견할 수 있다. 배움은 모르는 것에 대한 것이다; 그러나 모르는 것을 우리가 전적으로 모른다면, 비록 그것을 발견해도 그것이 우리가 몰랐던 바로 그것임을 확인할 수 없다; 따라서 탐구는 전적으로 모르는 것에 대한 것이 아니라 모르지만 어떤 의미에서는 아는 것에 대한 것이어야 한다. 모르는 것에 대한 앎은 탐구의 가능성을 위해 논리적으로 요청되는 것이며, 이 논리적 요청을 소크라테스는 '전생의 배움'이라는 신화적 비유를 통해 표현한다. 만약 '전생의 배움'과 '이승의 배움'을 현실에서의 배움의 '조건'과 '결과'로 이해한다면, 상기가 주장하는 것은 우리가 '지금' 모르는 것을 탐구하기 위해서는 그 모르는 것을 '지금' 어떤 의미에서는 알고 있어야 하며, 즉 그 모르는 것과는 다르지만 그 모르는 것에 대한 앎을 가능하게 하는 어떤 것을 '지금' 알고 있어야 하며, 모르는 것에 대한 배움은 '지금' 알고 있는 그런 인식들로부터 방법적으로 수행될 수 있다는 것이다. 합리적 배움과 탐구의 방법으로서 상기는 미리 동의된 전제들로부터 주어진 확신을 ― 그것과 모순되는 ― 특정한 결론을 이끌어 내어 비판하는 검토, 즉 '엘렝코스'의 추론법을 다른 방식으로 재현한다.

플라톤의 상기를 해석하는 방식이 많이 있었지만, 그 다양성에도 불구하고 모든 해석이 일차적으로 해명해야 할 것은 추론을 통한 합리적 배움과 탐구는 전적인 무지에서 지로 가는 과정이 아니라 어떤 의미의 지에서 지로 이행하는 과정이라는 것이다. 가령, 아리스토텔레스가 『분석 후서』에서 '추론을 통한 모든 가르침과 배움은 선행하는 인식으로부터 발생한다'(71a1~2)고 주장할 때, 그리고 개별적으로 모르는 것을 보편적으로 안다는 것에 아무런 모순도 없다고 언급할 때(71a17 이하), 그는 상기론의 이런 합리주의적 탐구방법론을 탁월하게 계승하고 있다.

3) 상기의 기하학적 예시(82a~86c)

소크라테스는 상기를 통해 배움이 이루어지는 실제 과정을 메논이 대동하고 온 노예들 가운데 기하학에 무지한 한 아이를 통해 보여 준다. 소크라테스는 아이가 풀어야 할 기하학적 문제 — 즉, 8제곱피트의 면적을 갖는 정사각형의 한 변의 길이의 계산 — 를 제시하기에 앞서 일련의 질문들을 통해 아이로부터 다음과 같은 확신들을 이끌어 낸다: ㉠모든 정사각형은 길이가 같은 네 개의 선분으로 이루어진다(82b~c); ㉡모든 정사각형은 그 중심을 통과하는 동일한 길이의 두 선분들을 가지고 있다(82c); ㉢중심을 통과하는 두 선분들에 의해 양분되는 모든 정사각형은 면적에 있어서 더 작거나 더 크다(82c); ㉣더 작거나 더 클 수 있는 모든 정사각형은 또한 특히 두 배 더 크거나 작을 수 있다(82d); ㉤1에 2를 곱하면 2이고, 2에 2를 곱하면 4이다(82c~d).

아이가 전생에 이런 인식들을 배웠는가는 소크라테스의 관심 밖에 있다. 아이는 그리스어를 이해할 수 있을 정도의 지적 능력을 가지고서 이 모든 인식들의 자명성에 동의한다. 물론 이것들을 안다고 해도 소크라테스가 제시하는 문제에 대한 답을 아이는 아직 알지 못한다. 그러나 아이가 모르는 8제곱피트의 면적을 가진 정사각형의 변의 길이에 대해 아이가 '전적으로' 모르는 것은 아니다. 아이는 특정한 변의 길이를 갖는 정사각형에 대해 '개별적으로' 모르지만, 정사각형에 대해 '일반적으로' 안다. 문제는 일반적 인식들을 방법적으로 활용하여 문제의 해결에 이르는 탐구의 과정이다. 여러 번에 걸친 아이의 잘못된 대답들이 비판적으로 검토됨으로써 아이는 엄밀한 의미의 인식은 아니지만 올바른 확신은 갖게 된다. 소크라테스의 비판적 검토, 즉 '엘렝코스'는 다시 한 번 여기서 주어진 확신들의 논파를 통해 대화 상대자를 올바른 확신에, 그리고 더 나아가 인식에 이르게 하는 적극적 인식 매개의 방법으로 입증되고(84b), 상기의 탐구 방법론과도 본질적인 측면에서 합치된다.

4. '탁월함은 가르쳐질 수 있는 것인가?' : 가설의 방법(86c~100b)

1) 가설의 방법의 기하학적 예시(86c~87c)

배움과 가르침이 상기인 한 모르는 것을 탐구하는 것이 가능하기 때문에 소크라테스는 모르더라도 탁월함이 무엇인지를 다시 탐구할 수 있고 또 해야만 한다고 메논에게 역설하는 반면, 메논은 대화를 시작하면서 자신이 던진 질문에 대한 답변을 바란다. 소크라테스는 기하학에서 활용되는 가설의 방법에 입각해 메논의 요구에 응한다. 기하학적 정리를 증명하지 못하더라도, 즉 알지 못하더라도 그 무지가 전적인 무지가 아닌 한 우리는 어떤 방식으로든 그것을 알고 있어야 한다. 문제의 해답을 모르기 때문에 우리가 탐구하지만, 해답의 발견을 가능하게 하는 최소한의 앎마저 없다면, 우리는 해답을 도출할 어떤 토대도 가지고 있지 못하게 된다. 기하학적 가설이란 바로 그런 문제 해결의 조건이자 토대이고, 종합(synthesis)에 앞서 분석(analysis)을 통해 미리 발견되어야 할 것이며, 기하학적 정리에 대한 연역적 증명과 추론의 전제이다. 앞서 동의된 것들로부터 추론하는 비판적 검토가 전생에 배웠던 인식의 상기로 설명되었다면, 다시 비판적 검토와 상기는 누구나 자명하게 받아들이는 가설로부터 연역적으로 문제 해결을 추구하는 방법으로 구체화된다.

소크라테스는 특정 도형을 원에 삼각형으로 내접시키는 기하학적 문제를 내접 가능성의 조건인 특정 가설로부터 해결하는 방법에 따라, 탁월함의 교수 및 학습 가능성의 문제도 마찬가지로 탁월함에 관한 가설로부터 해결한다: 만약 탁월함이 인식이라면 탁월함은 가르쳐질 수 있고, 탁월함이 인식과 다른 것이라면 탁월함은 가르쳐질 수 없다. 다음 문제는 탁월함이 인식인가, 인식과 다른 것인가이다.

2) '탁월함이 인식이라면, 탁월함은 가르쳐질 수 있는 것이다.'
(87c~89c)

가설은 증명돼야 할 명제를 근거 짓는 것이지만, 그 자체가 근거 지어진 것은 아니다. 따라서 가설은 상위의 가설에 의해 충분히 근거 지어질 때 비로소 그 가설이 증명해야 할 명제는 충분하게 증명되는 것이다. 이제 소크라테스는 탁월함의 교육 가능성을 탁월함이 인식이라는 가설을 통해 충분하게 근거 짓기 위해 탁월함이 인식이라는 가설 자체의 확실성과 자명성을 상위의 가설로부터 정초한다: ㉠탁월함은 뛰어난 것이다; ㉡뛰어난 것은 유익한 것이다; ㉢그러므로 탁월함은 유익한 것이다; ㉣그런데 유익한 것은 앎이다; ㉤그러므로 탁월함은 앎이다. 두 단계의 삼단논법적 추리를 통해 탁월함은 인식이라는 것이 필연적으로 증명되고, 이는 인식만이 가르쳐질 수 있다는 소전제(87c)와 결합되어 탁월함은 가르쳐질 수 있다는 것, 즉 상기될 수 있다는 것이 결론으로 밝혀진다. 또한 결과적으로 탁월함이 본성적으로 타고나는 것이라는 대안 역시 배제된다.

3) '탁월함의 교사가 없다면, 탁월함은 가르쳐질 수 있는 것이 아니다.'(89c~96c)

하지만 소크라테스는 탁월함이 가르쳐질 수 있다는 것에 대한 동의가 올바른지에 대해 메논에게 묻는다. 사실 탁월함이 인식으로, 그리고 가르침이 상기로 받아들여진다면, 소크라테스가 여기에 대해 회의하는 것은 분명 불합리하다. 그래서 메논은 당장 소크라테스의 회의에 회의적 시선을 보낸다. 소크라테스는 탁월함이 가르쳐질 수 있다는 명제의 자명성에 대한 회의 때문에 그 명제를 철회할 생각은 전혀 없음을 스스로 명백히 밝히면서도, 그것을 의심하는 것이 정당한지에 대해 메논의 견해를 묻는다.

소크라테스는 이번에는 탁월함의 교육 가능성과 불가능성 여부를 논증적으로 도출하기 위해 자명한 상위 가설로 거슬러 올라가지 않는다. 소크라테스는 가르침과 배움을 '상기'가 아닌 '지식의 전달과 수동적 수용'이라는 소피스트적 의미의 가르침과 배움으로 이해하면서 '후건 부정의 형식'(modus tollens)에 따라 추론한다(89d~e): 탁월함이 가르쳐질 수 있는 것이라면, 탁월함의 교사가 있다; 그런데 탁월함의 교사가 없다; 그러므로 탁월함은 가르쳐질 수 없는 것이다. 메논은 추론의 논증적 타당성을 의심하지 않지만, 탁월함의 교사가 없다는 주장에는 의문을 제기한다(89e): 다른 사람을 가르치고 지식을 전달할 수 있는 교사가 실제로 없는가? 소피스트들이 그런 의미의 교사가 아닌가?

아뉘토스는 소피스트들은 탁월함의 교사가 아니라고 단언한다. 그리고 심지어 그는 소피스트들에게 젊은이들을 보내는 것은 미친 짓이라고까지 한다. 그러나 다른 한편으로 아뉘토스는 훌륭하고 뛰어난 아테네의 정치가들이 있고 이들은 훌륭하고 뛰어났던 선조들로부터 그들의 탁월함을 배웠다고 주장함으로써 탁월함의 교사들이 있다는 결론을 지지한다. 반면 소크라테스는 탁월한 선인들이 그들의 탁월함을 아들에게 전수하지 못했다는 사실을 바탕으로 이들은 비록 훌륭하고 뛰어났던 사람들일지라도 그들 자신의 탁월함을 가르칠 수 있는 뛰어난 교사들은 아니었다는 것을 밝혀낸다(93a).

다시 메논과의 대화에서 소크라테스는 소피스트들이 탁월함의 교사인지를 묻는다. 메논은 고르기아스를 소피스트의 일원으로 보지 않고, 탁월함의 교사가 아닌 설득의 수사학자로 자신을 내세우는 고르기아스에 대해 깊은 경의를 표한다. 소크라테스가 재차 소피스트들이 교사인지를 묻자, 메논은 그들이 때로는 교사로, 때로는 교사가 아닌 것으로 보인다는 답변을 내놓는다. 이에 소크라테스는 탁월함의 교육 가능성을 상황에 따라 부정하기도 하고 긍정하기도 하는 소피스트들은 참된 의미의 교사가 아니라고 주장한다.

소피스트들의 이런 혼란은 고르기아스도 마찬가지로 겪는다. 왜냐하면 고르기아스는 가르침을 공언하는 소피스트를 비난하며 자신을 교사가 아니라 수사학자로 규정하지만, 생각을 사람들에게 주입하고 말로 사람들의 마음을 홀리고 설득하고 변화시키는 한 그는 실제로는 가르치는 교사와 다르지 않기 때문이다.

소크라테스에게는 고르기아스도 소피스트의 변종일 뿐이다. 고르기아스도 때로는 수사학자처럼, 때로는 교사처럼 행동하고, 그렇기 때문에 진정한 교사는 아니며, 젊은이들에게 설득하는 법을 가르치고 그 대가를 받아 내는 그의 교육 행위도 정당화될 수 없다. 탁월함의 교사가 없다는 소크라테스의 결론에는 사이비 교육자로서 소피스트 일반에 대한 그의 신랄한 풍자가 깊게 배어 있다.

4) '탁월함이 올바른 확신이라면, 탁월함은 신적인 섭리에 의해 생기는 것이다.'(96d~100b)

탁월함의 교사가 없기 때문에 많은 훌륭하고 뛰어난 사람들이 가르침과 배움을 통해 탁월하게 되는 것이 아니라는 사실이 분명해진 이상, 또 하나의 대안이 모색된다. 탁월함이 가르침을 통해 생길 수 없다면, 다른 어떤 방식으로 생기는 것인가?

탁월함의 교사가 없기 때문에 탁월함은 가르쳐질 수 없다는 것은 이미 밝혀졌다. 그렇다면 탁월함이 가르쳐질 수 없기 때문에 탁월함은 더 이상 인식이 아니다. 그런데 참인 확신은 행위의 올바름과 관련해서는 인식보다 더 못한 인도자가 아니기 때문에 훌륭하고 뛰어난 사람들을 탁월하게 만드는 것에는 인식 말고도 참인 확신이 있다. 가령, 뛰어난 정치가들은 지성 없이도 자신들이 행하고 말하는 것들과 관련해서는 많은 큰일들을 성공적으로 수행할 수 있다. 그리고 그런 점에서 그들은 신탁을 말하는 사람들과 예언가들, 그리고 모든 시인들처럼 신적인 사람들로 불린다. 왜냐하면 정치가들은 이들처럼 자신들이 말하는 것들에 대해서는 아무것도 알지 못하지만 확신 속에서 참인 것들을 말하기 때문이다. 따라서 탁월함이 참인 확신이라면, 탁월함은 지성 없이 신적인 섭리에 의해 생기는 것이다. 이것이 메논의 최초의 문제 제기에 대한 최후의 결론이다.

대화편의 결론은 탁월함의 교육 가능성에 관한 소크라테스 자신의 견해를 대변하지는 않는다. 소크라테스는 정치가들이 뛰어난 실천적 역량을 발휘했다는 것을 인정하지만, 지성과 인식이 겸비되지 않은 정치적 성공만으로 그들이 탁월함의 진정한 교사로 승인될 수 없다는 것을 암암리에 주장하고 있다. 탁월함이 인식일 때, 오직 그때에만 탁월함의 진정한 교사도 있고, 결국 탁월함은 가르쳐질 수 있다는 것, 즉 상기될 수 있다는 것, 이것이 이 대화편 전체를 꿰뚫는 소크라테스의 주된 사상이다.

5. 처음부터 다시, '탁월함은 무엇인가?'(100b~c)

소크라테스는 다시 '탁월함이 무엇인가?'라는 질문으로 되돌아간다. 비록 일련의 결론들이 가설로부터 합리적으로 추론되었다 하더라도, 그것은 탁월함과 배움의 본질에 관한 소크라테스와 메논의 완벽한 합의에 기반을 둔 것이 아니므로, 대화편의 최종적 결론은 여전히 잠정적인 것이기 때문이다.

대화가 끝나는 시점에서 소크라테스는 메논이 처음에 생각했던 것처럼 절대적 무지의 소유자가 아님이 분명하게 밝혀진다. 소크라테스는 대화편에서 탁월함의 본질 및 가르침과 배움의 본질에 대한 자신의 이해를 적극적으로 피력하고, 이를 바탕으로 탁월함이 인식이라면 탁월함은 가르쳐질 수 있다는, 결코 흔들릴 수 없고 철회될 수 없는 그의 결론에 이른다(89c, d). 메논도 최소한 이에 대해서는 동의했고 또 설득되었다(89c). 그러나 당대와 선대의 훌륭하고 뛰어난 정치가들이 진정한 교사가 아니라는 소크라테스의 주장에 화가 난 아뉘토스는 정치적 박해를 경계해야 한다는 충고 아닌 충고로 소크라테스와의 문답을 끝마친다. 이에 소크라테스는 메논에게 마지막으로 부탁한다: "그런데 이제 나는 어디 좀 가 봐야 할 시간이고, 자넨 여기 있는 자네의 접대자인 아뉘토스를, 그가 더 진정되도록, 그와 같은 것들과 관련해 자네 자신이 설득되었듯이 설득시켜 보게."(100b)

설득은 원래 소피스트, 특히 고르기아스를 상징하는 것이었지만, 소크라테스 역시 설득을 문답법이 추구해야 할 궁극적 목적으로 보았다. 다만 소크라테스가 말하는 참된 의미의 설득은 공포를 멈추게 할 수 있을 뿐만 아니라 고통을 없앨 수도 있고, 기쁨을 불러일으킬 수도 있으며, 그리고 연민을 증대시킬 수 있는 말(logos)의 주술적 힘에서 나오는 것이 아니라, 말의 불편부당하고 필연적인 논리에서 나오는 것이다. 따라서 소크라테스는 비판적 검토, 상기, 그리고 가설의 방법의 연습을 통해 합리적으로 설득되는 법을 익힌 메논에게 아뉘토스를 합리적으로 설득시키는 과제를 부여하는 것이다. 어떻게 보면 이것이야말로 영혼이 마비됨으로써 탐구의 커다란 진전을 보인 메논에게 소크라테스가 보내는 최대의 찬사이다.

Ⅲ. 『메논』의 저술 시기

플라톤의 대화편들의 저술 시기는 흔히 초기와 중기와 후기로 구분된다. 초기 대화편들은 청년 플라톤이 스승인 소크라테스에게 사상적으로 의존하고 있다는 점에서 '소크라테스적' 대화편으로 불린다. 반면 중기 대화편들은 대화 상대자가 제기한 확신에 대한 비판에 집중된 소크라테스적 단계를 벗어나 장년의 플라톤이 본격적으로 자신의 형이상학의 토대 위에 인식과 도덕의 가능성을 이론적으로 정초한다는 점에서 '독단적' 대화편으로, 그리고 후기 대화편들은 노년의 플라톤이 이데아론에 대한 자신의 중기적 이해를 수정해 간다는 점에서 '비판적' 대화편으로 일컬어진다.

만약 이 구분을 받아들인다면, 『메논』은 이 세 시기 중에 어느 하나에 속하는 대화편으로 보기는 힘들다. 『메논』은 '무엇'에 대한 탐구를 중심으로 펼쳐지는 초기 대화편의 탐구 방법에 의존하고 있고, '무엇'에 대한 탐구는 확고한 결론 없이 종결된다는 점에서 초기 대화편에 속하는 것으로 보이지만, 『파이돈』이나 『향연』이나 『국가』와 같은 중기 대화편에서나 찾아볼 수 있는, 가령 상기론이나 가설의 방법과 같은 '독단적' 이론들의 단초가 나타난다는 점에서 중기 대화편의 특성도 함께 가지고 있다. 따라서 『메논』은 여타 대화편들과 달리 초기와 중기를 잇는 일종의 과도기적 대화편으로 분류된다.

초기 대화편의 저술 연대는 소크라테스가 독배를 마신 기원전 399년 이후부터 첫 번째 시켈리아 여행이 이루어진 약 387년 직전까지이고, 중기 대화편의 저술 연대는 첫 번째 시켈리아 여행(기원전 387년)부터 두 번째 시켈리아 여행이 이루어진 기원전 367년 직전까지이다. 그렇다면 『메논』은 대략 초기 대화편의 마지막 시기와 중기 대화편의 처음 시기, 즉 기원전 387년과 386년 사이에 저술된 것으로 보인다. 특히 『메논』에서 플라톤이 피타고라스학파의 영혼 윤회 사상을 원용하고 기하학의 예들을 통해 논증한다는 것은 첫 번째 시켈리아 여행이 『메논』의 저술에 어떤 식으로든 영향을 주었을 것이라는 추측을 가능하게 한다. 그래서 톰슨(E. S. Thompson)은 첫 번째 시켈리아 여행 직후인 기원전 386년에 세워진 것으로 추정되는 아카데메이아의 교과 과정을 만드는 가운데 저술된 대화편을 '교육적 대화편'이라 부르고, 『메논』을 여기에 포함시킨다. 톰슨의 주장도 『메논』이 기원전 387/386년, 즉 첫 번째 시켈리아 여행과 아카데메이아의 설립 직전 사이에 저술되었을 거라는 일반적 추정을 뒷받침해 준다.

그렇다면 『메논』은 기원전 385년과 375년 사이에 쓰인 것으로 알려진 『향연』, 기원전 385년과 378년 사이에 저술된 것으로 알려진 『파이돈』, 그리고 기원전 387년 이후에 쓰인 것으로 알려진 『국가』보다 먼저 저술되었다는 것은 비교적 확실하다. 『프로타고라스』는 기원전 399년 이후, 특히 기원전 388/387년에 저술된 것으로 추정된다. 그런데 『프로타고라스』가 소크라테스와 프로타고라스가 탁월함이 무엇이고 탁월함이 가르쳐질 수 있는지에 대한 탐구를 다음번으로 미루면서 종결되는 것을 보면, 『메논』이 『프로타고라스』 직후에 저술된 작품으로 보는 것이 타당하다. 기원전 399년 이후에 저술된 『고르기아스』도 『메논』처럼 피타고라스주의의 영향 하에 저술된 것이다. 그러나 『메논』에서 언급된 소크라테스와 고르기아스의 만남이(71c) 아마도 『고르기아스』에서의 두 사람의 만남을 전제한다고 볼 때, 『고르기아스』 역시 『메논』에 앞서 쓰인 작품으로 보는 것이 옳을 것 같다. 『메논』에서 메논이 고르기아스의 제자로 묘사되고 고르기아스의 사상을 대변한다는 것은 두 대화편이 시기적으로뿐 아니라 내용적으로도 매우 가깝다는 것을 보여 준다.

IV. 『메논』의 극중 설정 시기

대화가 이루어지는 극중 배경 시점 역시 정확하게 말하기 어렵다. 다만 우리는 소크라테스의 주된 대화 상대자인 메논, 그리고 그의 가문과 관련된 역사적 사실에 의거해 추측할 수 있을 뿐이다.

『메논』으로부터 우리는 그가 테살리아의 젊은 귀족이고 그의 가문이 선대 때부터 아테네와 친밀한 관계를 유지했다는 것을 알 수 있지만, 그가 구체적으로 누구이고 테살리아의 어느 지역 출신인지는 알 수 없다. 아마도 그의 동료인 아리스티포스가 라리사 출신이라는 점으로 미루어 그의 집안이 라리사의 귀족 가문인 것으로 추측하는 것도 가능하겠지만, 디오게네스 라에르티오스는 『메논』에서의 메논은 테살리아에 위치한 파르살로스에서 대대로 큰 영향력을 지닌 가문에 속하는 자라고 말하고 있다.

'파르살로스의 메논'이라는 사람은 그리스 역사 속에서 자주 등장하고, 아테네와 오랫동안 긴밀한 교류를 한 것으로 전해진다. 데모스테네스는 '파르살로스의 메논'이라는 사람이 기원전

476년에 아테네의 스파르타 원정을 지원했고, 그 대가로 아테네 시민권을 획득했다고 전한다. 그리고 투퀴디데스는 기원전 431년에 파르살로스에서 온 메논이라는 사람이 아테네를 돕기 위해 군대를 파견했다고 적고 있다. 이 메논이 앞서의 메논과 동일 인물인지 아니면 같은 가문에 속하는 다른 사람인지는 알 수 없지만, 이들의 활동 시기와 우리의 메논의 활동 시기 간의 차이가 워낙 크기 때문에, 이 두 사람과 우리의 메논을 동일 인물로 볼 수는 없다. 다만 메논이 파르살로스 출신이라는 디오게네스 라에르티오스의 주장이 맞다면, 기원전 476년의 메논은 그의 조부나 증조부였을 것으로 보이고, 그때부터 메논의 가문은 아테네와 밀접한 교류를 맺어 왔을 것이며, 우리의 메논도 선대로부터 이어진 이런 인연으로 인해 아테네를 방문했을 것이다.

문제는 메논의 방문 시기인데, 이에 대한 판단을 뒷받침할 수 있는 역사적 기록은 없다. 단지 크세노폰이 한 가지 단서를 제시하고 있을 뿐이다. 기원전 404년에 페라이의 참주 뤼코프론이 테살리아 전역을 지배하려는 야욕을 가지고 라리사를 포함한 테살리아의 다른 지역을 공격하고 많은 사람들을 죽였다. 뤼코프론의 승리가 라리사를 지배해 온 알레우아스 가문의 정치적 입지를 어렵게 만들었기 때문에 알레우아스 가문은 아리스티포스를 페르시아의 퀴로스에게 보내 용병 운용을 위한 재정 지원을 요청했다. 여기서 우리는 뤼코프론의 침공이 라리사에 대해서뿐 아니라 파르살로스의 귀족들에게도 심각한 위협이 되었을 거라고 추측할 수 있다. 만약 이 점에 주목하면, 파르살로스의 귀족 가문, 그 중에서도 가장 유력한 메논의 가문은 아테네에 도움을 요청하기 위해 가문에 속한 사람을 보냈을 가능성이 높다. 『메논』의 메논은 아마도 이 가문을 대표해서 아테네로 파견되었고, 아뉘토스의 집에 머물렀던 것으로 보인다.

그런데 기원전 404년은 과두제 속에서 30인이 권력을 독점하던 때였고, 메논의 접대자인 아뉘토스를 위시한 민주파 지도자들이 30인 폭군 정치를 종식시키고 민주제를 복원했던 때는 기원전 403년이다. 그렇다면 메논이 아테네에 온 시기는 적어도 그가 30인 통치가 끝났다는 것을 알았을 때였을 것이다. 따라서 기원전 403년 이후에 『메논』에서의 대화가 이루어졌다고 보는 것이 합리적이다. 다른 한편으로 크세노폰은 기원전 401년에 메논이 비교적 젊은 나이에 퀴로스가 형의 왕위를 찬탈하기 위해 결성한 원정대에 참여했다고 전한다. 그렇다면 결국 메논이 아테네에 온 시기는 30인 통치가 종식된 403년과 소아시아에 머물렀던 401년 사이, 즉 기원전 402년 무렵일 것이다.

대화편 자체로부터도 어느 정도 대화편의 극중 설정 시기를 가늠할 수도 있다. 『메논』에서 아뉘토스는 소크라테스가 사람들에게 악담한 것을 통해 많은 미움을 살 것이라고 말한다(94e). 이것은 단순한 불만의 토로를 넘어 그런 말을 하지 말라는 협박에 가까운 말이다. 이것은 대화가 이루어진 것이 소크라테스가 사망한 기원전 399년과 시간적으로 가깝다는 것을 나타낸다. 따라서 기원전 402년이라는 설정 시기는 어느 정도 합리적인 것으로 보인다. 그리고 소크라테스는 메논에게 다가오는 엘레우시스 신비의식에 참여하여 입문하기를 권유한다(76e). 원래 신비의식은 2월에 개최되는 소 신비의식과 9월에 개최되는 대 신비의식이 있는데, 2월의 소 신비의식에서 입문하지 않을 경우 대 신비의식에 참여하는 게 허용되지 않았으므로, 만약 소크라테스가 메논으로 하여금 신비의식에 입문하도록 했다면, 대화가 이루어졌을 때는 1월말이나 2월이었을 것이다. 이런 측면에서 블럭(S. Bluck)은 대화편의 극중 설정 시기를 좀 더 구체적으로 기원전 402년 1월말이나 2월초로 추정한다.

참고문헌

1. 일차 문헌

1) 원전 · 번역서 · 주석서

Aristippus, H., *Plato Latinus*, ed. R. Klibansky, Vol. I, *Meno*, interprete Henrico Aristippo, ed. V. Kordeuter, rec. et praefatione instruxit C. Labowsky, Warburg Institute, 1940.

Bartlett, R. C., Plato *"Protagoras" and "Meno"*, trans. with notes and interpretive essays, Cornell University Press, 2004.

Bluck, S., *Plato's Meno*, ed. with introd. and commentary, Cambridge Univ. Press, 1961.

Brown, M., ed., *Plato's Meno*, trans. by W. K. C. Guthrie. with essays, Bobbs-Merrill, 1971.

Burnet, J., ed., *Platonis Opera III*, Oxonii, E typographeo Clarendoniano, 1903 [본 역서의 기준 판본].

Merkelbach, R., *Platons Menon*, hrsg., übers. und nach dem Inhalt erklärt, Athen 1988.

Sesonske, A., *Plato's Meno. Text and Criticism*, Wadsworth Publishing, 1968.

Sharples, R. W., *Plato : Meno*, ed. with trans. and notes, Aris & Phillips, 1985.

Schleiermacher, F., *Platons Werke II*, Wissenschaftliche Buchgesellschaft, 1983.

Thomas, J. E., *Musings on the Meno*, a new trans. with comm., Martinus Nijhoff, 1980.

Thompson, E. S., *The Meno of Plato*, ed. with introd., notes and excurses, Macmillan, 1901.

박종현 옮김, 『메논 · 파이돈 · 국가』, 서울대학교출판부, 1987.

2) 기타 원전 · 번역서 · 주석서

Aristoteles, *Metaphysica*, rec. W. Jaeger, Oxonii, E typographeo Clarendoniano, 1957.

_____, *De sensu et sensato, Parva Naturalia*, A revised text with introd. and comm. by W. D. Ross, Oxonii, E typographeo Clarendoniano, 1955.

_____, *De memoria et reminiscentia*, Parva Naturalia, A revised text with introd. and comm. by W. D. Ross, Oxonii, E typographeo Clarendoniano, 1955.

_____, *Topica et Sophistici Elenchi*, rec. W. D. Ross, Oxonii, E typographeo Clarendoniano, 1958.

_____, *Analytica priora et posteriora*, recc. W. D. Ross & L. Minio-Paluello, Oxonii, E typographeo Clarendoniano, 1964.

Diels, H. & Kranz, W., *Die Fragmente der Vorsokratiker*, Griechisch und deutsch, 4 Bde., Weidmannsche Verlagsbuchhandlung, 1952.

Diogenes Laertios, *Diogenis Laertii vitae philosophorum*, 2 Bde., ed. H. S. Long, Oxonii, E typographeo Clarendoniano, 1964.

Eukleides, *Euclidis Elementa*, 4 vols., ed. E. S. Stamatis, post J. L. Heiberg, Teubner Verlagsgesellschaft, 1969~1973.

Homeros, 천병희 옮김, 『일리아스』, 단국대출판부, 1996.

_____, 천병희 옮김, 『오뒤세이아』, 단국대출판부, 1996.

Iamblichos, *Iamblichi De communi mathematica scientia liber*, ed. N. Festa, Teubner Verlagsgesellschaft, 1891.

_____, *Iamblichi In Nicomachi arithmeticam introductionem liber*, edd. H. Pistelli & U. Klein, Teubner Verlagsgesellschaft, 1975.

Nikomachos v. Gerasa, *Nicomachi Geraseni Pythagorei introductionis arithmeticae libri II*, ed. R. Hoche, in aedibvs B. G. Tevbneri, 1866.

Philoponos, I., *Ioannis Philoponi in Aristotelis Analytica Priora commentaria, Commentaria in Aristotelem Graeca XII 2*, ed. M. Wallies, Reimer, 1905.

Proklos, *Procli Diadochi in primum Euclidis Elementorum librum commentarii*, ed. G. Friedlein, in aedibus B. G. Teubneri, 1873.

_____, *Proclus Diadochus, Kommentar zum ersten Buch von Euklids 'Elementen'*, aus dem Griech. ins Deutsch übertragen und mit textkritischen Anm. versehen v. P. L. Schönberger und in der Gesamtedition besorgt v. M. Steck, Deutsche Akademie der Naturforscher, 1945.

Robinson, T. M., *Contrasting Arguments. An Edition of the Dissoi Logoi*, repr. Ayer, 1984.

Xenophon, *Memorabilia, Xenophontis Opera Omnia*, 2 vols. Oxonii, E typographeo Clarendoniano, 1921.

_____, 최혁순 옮김, 『소크라테스의 회상』, 범우사, 1990.

2. 이차 문헌

1) 단행본

Benecke, A., *Über die geometrische Hypothesis in Platons Menon*, C. Meissner, 1867.

Blum, H., *Die antike Mnemotechnik*, G. Olms, 1969.

Böhme, G., *Platons theoretische Philosophie*, J. B. Metzler Verlag, 2000.

Buchmann, K., *Die Stellung des Menon in der platonischen Philosophie*, Dieterich, 1936.

Cherniss, H., *Aristotle's Criticism of Plato and the Academy*, Russell & Russell, 1962.

Day, J. M., ed., *Plato's Meno in Focus*, Routledge, 1994.

Eckstein, J., *The Platonic Method. An Interpretation of the Dramatic-Philosophic Aspects of the Meno*, Greenwood Pub. Co., 1968.

Hölscher, U., *Der Sinn von Sein in der älteren griechischen Philosophie*, C. Winter, 1976.

Kerferd, G., 김남두 옮김, 『소피스트 운동(*The Sophistic Movement*)』, 아카넷, 2003.

Klein, J., *A Commentary on Plato's Meno*, University of North Carolina Press, 1965.

LaBarge, S., *The Legacy of The Meno Paradox: Plato and Aristotle on Learning and Error*, Univ. of Arizona, 2000.

Lee, S. I., *Anamnesis im Menon*, Peter Lang, 2001.

Ovink, B. J. H., *Philosophische Erklärung der platonischen Dialoge Meno und Hippias Minor*, H. J. Paris, 1931.

Peters, J. R., *Recollection and Essence in Plato's Meno*, Northwestern University, 1985.

Robinson, R., *Plato's Earlier Dialectic*, Clarendon Press, 1953.

Schiemann, G. & Mersch, D. & Böhme, G., hrsg., *Platon im nachmeta-physischen Zeitalter*, Wissenschaftliche Buchgesellschaft, 2006.

Schmitt, A., *Die Bedeutung der sophistischen Logik für die mittlere Dialektik Platons*, Diss. Würzburg, 1974.

_____, *Die Moderne und Platon*, J. B. Metzler, 2003.

Scott, D., *Plato's Meno*, Cambridge University Press, 2006.

Seeskin, K., *Dialogue and Discovery. A Study in Socratic Method*, SUNY Press, 1987.

Stemmer, P., *Platons Dialektik. Die fruehen und mittleren Dialoge*, Walter de Gruyter, 1992.

Tarrant, H., *Recollecting Plato's Meno*, Duckworth, 2005.

Waldenfels, B., *Das Sokratische Fragen. Aporie, Elenchos, Anamnesis*, Anton Hain, 1961.

Weiss, R., *Virtue in the Cave. Moral Inquiry in Plato's Meno*, Oxford Univ. Press, 2001.

남경희, 『플라톤 ─ 서양철학의 기원과 토대』, 아카넷, 2006.

이상인, 『플라톤과 유럽의 전통』, 이제이북스, 2006.

2) 논문

Anderson, D. E., "The Theory of Recollection in Plato's Meno", *Southern Journal of Philosophy* 9, 1971, pp. 225~235.

Bedu-Addo, J. T., "Sense-experience and Recollection in Plato's *Meno*", *American Journal of Philology* 104, 1983, pp. 228~248.

_____, "Recollection and the Argument 'from a hypothesis' in *Plato's Meno*", *Journal of Hellenic Studies* 104, 1984, pp. 1~14.

Benson, H. H., "Meno, the Slave-boy and the Elenchos", *Phronesis* 35, 1990, pp. 175~181.

Bluck, R. S., "On ΤΡΑΓΙΚΗ : Plato, *Meno* 76E", *Mnemosyne* 14, 1961, pp. 289~295.

Boter, G. J., "Meno 82c2~3", *Phronesis* 33, 1988, pp. 208~215.

Bornkamm, G., "Homologia. Zur Geschichte eines politischen Begriffs", *Hermes* 71, 1936, pp. 378~393.

Brown, M., "Plato Disapproves of the Slaveboy's Answer", *Review of Metaphysics* 20, 1967, pp. 57~93.

Brumbaugh, R. B., "Plato's Philosophy of Education. The Meno Experiment and the Republic Curriculum", *Educational Theory* 20, 1970, pp. 207~228.

Burnyeat, M. F., Barnes, J., "Socrates and the Jury. Paradoxes in Plato's Distinction between Knowledge and True Belief", *Proceedings of the Aristotelian Society* suppl. 54, 1980, pp. 173~206.

Butcher, S. H., "The Geometrical Problem of the Meno(p. 86E~87A)", *Journal of Philology* 17, 1888, pp. 219~215.

Calvery, B., "Meno's Paradox Reconsidered", *Journal of the History of Philosophy* 12, 1974, pp. 143~152.

Devereux, D. T., "Nature and Teaching in Plato's *Meno*", *Phronesis* 23, 1978, pp. 118~126.

Ebert, Th., "Plato's Theory of Recollection Reconsidered. An Interpretation of *Meno* 80a~86c", *Man & World* 6, 1973, pp. 163~181.

Fine, G., "Inquiry in the *Meno*", R. Kraut, ed., *The Cambridge Companion to Plato*, Cambridge Univ. Press 1992, pp. 200~226.

_____, "Knowledge and True Belief in the Meno", *Oxford Studies in Ancient Philosophy* 27, 2004, pp. 41~81.

Fischer, N., "Zum Problem der Transzendenz in der platonischen Erkenntnislehre. Interpretationsansa..tze zu Platons *Menon und Theaitetos*", *Theologie und Philosophie* 55, 1980, pp. 384~403.

Fowler, D. H., "Yet more on *Meno* 82a~85d", *Phronesis* 35, 1990, pp.

175~181.

Franklin, L., "The Structure of Dialectic in the *Meno*", *Phronesis* 46, 2001, pp. 413~439.

Gaiser, K., "Platon's *Menon* und die Akademie", *Archiv für Geschichte der Philosophie* 46, 1964, pp. 241~292.

Gooch, P. W., "Irony and Insight in *Plato's Meno*", *Laval théologique et philosophique* 43, 1987, pp. 89~204.

Hall, R. W., "Orthē Doxa and Eudoxia in the *Meno*", *Philologus* 108, 1964, pp. 66~71.

Hansing, O., "The Doctrine of Recollection in Plato's Dialogues", *Monist* 38, 1928, pp. 231~262.

Hoerber, R. G., "*Plato's Meno*", *Phronesis* 5, 1960, pp. 78~102.

_____, "*Plato's Meno*", Phronesis 6, 1961, pp. 94~101.

Holzhausen, J., "Menon in Platons *Menon*", *Würzburger Jahrbücher für die Altertumswissenschaft* 20, 1994~1995, pp. 129~149.

Irwin, T., "Recollection and Plato's Moral Theory", *Review of Metaphysics* 27, 1974, pp. 752~772.

Jacquette, D., "The Sophist's Dilemma in Plato's *Meno*. A Challenge to the Possibility of acquiring Knowledge", *Cogito* 4, 1990, pp. 112~119.

Jenks, R., "On the Sense of the Socratic Reply to Meno's Paradox", *Ancient Philosophy* 12, 1992, pp. 317~330.

Kahn, Ch. H., "Some Philosophical Uses of "to be" in Plato", *Phronesis* 26, 1981, pp. 105~134.

Klein, S., "Socratic dialectic in the Meno", *Southern Journal of Philosophy* 24, 1986, pp. 351~363.

Lee, S. I., "Platons Anamnesis in den frühen und mittleren Dialogen", *Antike und Abendland* 46, 2000, pp. 93~115.

Lloyd, G. E. R., "The Meno and the Mysteries of Mathematics", *Phronesis* 37, 1992, pp. 166~183.

Menn, S., "Plato and the Method of Analysis", *Phronesis* 47, 2002, pp. 193~223.

Meyers, J. I., "Plato's Geometric Hypothesis. *Meno* 86e~87b", *Apeiron* 21, 1988, pp. 173~180.

Moline, J., "Meno's Paradox?", *Phronesis* 14, 1969, pp. 153~161.

Morrison, J. S., "Meno of Pharsalus, Polycrates, and Ismenias", *Classical Quarterly* 36, 1942, pp. 57~78.

Nehamas, A., "Meno's Paradox and Socrates as a Teacher", *Oxford Studies in Ancient Philosophy* 3, 1985, pp. 1~30.

Oeing-Hanhoff, L., "Zur Wirkungsgeschichte der platonischen Anamnesislehre", *Collegium Philosophicum*, Basel/Stuttgart 1965, pp. 240~271.

Penner, T., Rowe, Ch. J., "The Desire for Good. Is the Meno Inconsistent with the Gorgias?", *Phronesis* 39, 1994, pp. 1~25.

Phillips, B., "The Significance of Meno's Paradox", *The Classical Weekly* 42, 1948/9, pp. 87~91.

Reuter, M., "Is Goodness really a Gift from God? Another Look at the Conclusion of Plato's *Meno*", *Phronesis* 55, 2001, pp. 77~97.

Rosenmeyer, Th. G., "Styles and Performances, and Plato's *Meno*", G. W. Most, H. Petersmann, A. M. Ritter, edd., *Philanthropia kai eusebeia. Festschrift für Albrecht Dihle zum 70. Geburtstag*, Göttingen, 1993, pp. 404~425.

Ryle, G., "Many Things are Odd about our *Meno*", *Paideia special issue* 1, 1976, pp.1~9.

Sansone, D., "Socrates' 'tragic' Definition of Color(Pl. *Meno* 76D~E)", *Classical Philology* 91, 1996, pp. 339~345.

Schmitt, A., "Zur Erkenntnistheorie bei Platon und Descartes", *Antike und Abendland* 35, 1989, pp. 54~82.

_____, "Sokratisches Fragen im Platonischen Dialog", Karl Pestalozzi, hrsg., *Der fragende Sokrates, Colloquium Rauricum VI*, Stuttgart/Leipzig, 1999, pp. 30~49.

_____, "Das Universalienproblem bei Aristoteles", Ralf Georges Khoury, hrsg., *Averroes (1126~1198) oder der Triumph des Rationalismus*, Heidelberg, 2002, pp. 59~86.

_____, "Einheit des Mannigfaltigen. Der Widerspruchssatz als Erkenntnisprinzip in der Aufklaerungsphilosophie (Kant und Wolff) und bei Aristoteles und Platon", Jean-Marc Narbonne et Alfons Reckermann, hrsgg., *Pensées* del' *"Un" dans l'histoire de la philosophie. Études en hommages au professeur Werner Beierwaltes*, Paris, 2004, pp. 339~375.

Seeskin, K., "*Meno* 86c~89a. A Mathenatical Image of Philosophic Inquiry", B. P. Hendley, ed., *Plato, Time and Education. Essays in Honor of R. S. Brumbaugh*, Albany, 1987, pp. 25~41.

Sharples, R. W., "More on Plato. *Meno* 82c2~3", *Phronesis* 34, 1989, pp. 220~226.

_____, "More on Anamnesis in the *Meno*", *Phronesis* 44, 1999, pp. 353~357.

Snider, E., "The Conclusion of the Meno. Socrates on the Genesis of aretē", *Ancient Philosophy* 12, 1992, pp. 73~86.

Soreth, M., "Zur relativen Chronologie von *Menon* und *Euthydem*", *Hermes* 83, 1955, pp. 377~379.

Stern, H. S., "Philosophy of Education in Plato's Meno", *Educational studies* 12, 1981, pp. 23~34.

Sternfeld, R., Zykind, H., "Plato's *Meno* 89c. 'Virtue is knowledge'. A hypothesis?", *Phronesis* 21, 1976, pp. 130~134.

Tejera, V., "History and Rhetoric in Plato's Meno or on the Difficulties of communicating Human Excellence", *Philosophy and Rhetoric* 11, 1978, pp. 19~42.

Thomas, J. E., "A Re-examination of the Slave-boy Interview", *Laval théologique et philosophique* 26, 1970, pp. 17~27.

_____, "Plato's Methodological Device at Meno 84a1", *New Scholasticism* 45, 1971, pp. 478~486.

_____, "Models for Muddles at Meno 75a~77a", *New Scholasticism* 50, 1976, pp. 193~203.

Tigner, S. S., "On the 'kinship' of 'all nature' in Plato's *Meno*", *Phronesis* 15, 1970, pp. 1~4.

Turner, J. S., "The Images of Enslavement and Incommensurability in Plato's *Meno*", *Interpretation* 20, 1992~1993, pp. 117~134.

Vlastos, G., "Anamnesis in the *Meno*", *Dialogue* 4, 1965, pp. 143~167.

_____, "Elenchus and mathematics. A turning point in Plato's philosophical development", *American Journal of Philology* 109, 1988, pp. 362~396.

White, N. P., "Inquiry", *Review of Metaphysics* 28, 1974, pp. 289~310.

Wilkes, K. V., "Conclusions in the *Meno*", *Archiv für Geschichte der Philosophie* 61, 1979, pp. 143~153.

기종석, 「메논의 역설과 상기설」, 『문제를 찾아서』, 한국철학회 고전분과위원회 편, 종로서적, 1981, 59~73쪽.

양문흠, 「『메논』편에서의 가정과 추론(推論)」, 『서양고전학연구』 9, 1995, 133~154쪽.

_____, 「『메논』 편에서의 "옳은 믿음"과 "앎" — 수학적 논증의 예를 중심으로」, 『서양고전학연구』 18, 2002, 77~94쪽.

염수균, 「플라톤에 있어서 탁월성의 교육 가능성에 관한 연구 : 『프로타고라스』편과 『메논』편을 중심으로」, 서울대학교 대학원, 1994.

이상인, 「플라톤의 '메논의 논변'과 상기론」, 『대동철학』 40, 2007, 153~187
쪽.

_____, 「플라톤의 상기론에 대한 아리스토텔레스의 해석과 수용」, 『대동
철학』 42, 2008, 173~198쪽.

3) 사전류

Ast, F., *Lexikon Platonicum sive vocum Platonicum Index I-III*, Lipsiae
in libraria Weidmanniana, 1835~8.

Denniston, J. D., *The Greek Particles*, new ed., Bristol Classical Press,
1998.

Erler, M., *Kleines Werklexikon Platon*, Kröner, 2007.

Liddell, Scott & John, A *Greek-English Lexicon : with a revised supplement*,
Oxford University Press, 1996.

Schäfer, Ch., hrsg., *Platon-Lexikon*, Wissenschaftliche Buchgesellschaft,
2007.

찾아보기

일러두기

- 본문의 내용을 파악하는 데 도움을 주는 용어에 국한했으며, 철학적인 용어라도 비철학적 의미로 사용될 경우에는 찾아보기에서 뺏고, 일상적인 용어라도 본문의 철학적 맥락을 이해하거나 해석하는 데 필요할 경우에는 찾아보기에 넣었다.
- 그리스어 표기는 단수를 원칙으로 했으나 복수 사용이 관례인 경우에는 그에 따랐다.
- 약호는 다음을 사용한다.
  1) * : * 표시가 있는 부분은 그 대목에 해당 주석이 있음을 가리킨다.
  2) ☞ : 해당 항목에 가서 확인할 수 있다.
  3) → : 표제어에서 파생되거나 연관되는 낱말을 표제어 밑에 둘 때 사용한다.
  4) — : 표제어와 같은 낱말을 다른 말로 번역했을 때 사용한다.

일반용어

한국어 – 그리스어

가(家) oikia ☞ 관리하다
가 버리다 oichesthai 71a
가까이 가다 prosbibazein 74b*
가다 badizein 97a
— 오다 84a
가득 찬 mestos 80a
가르치다 didaskein 81e, 82a, e, 84c, d, 85d, e, 90e, 92e, 93d, 94b, d, 96a, b
→ 가르쳐질 수 있는 didaktos 70a, 71a, 86c~e, 87b, c, 89c~e, 93b, e, 94b, d, e, 95b, c, e,

공언하다 epangellesthai 95b
    → 공언하다 hypischneisthai
    90e, 91b, 95c
관리하다 oikein 71e
    → 관리하다 dioikein 73a, b,
    91a
    → 가정 oikia 71e, 73a, 91a
    — 가(家) 94d
    → 집에서 태어난 oikogenēs
    82b
관장하다 metacheirizesthai 81a
관직 archē ☞ 지배
광기 mania 91c
교사 didaskalos ☞ 가르치다
교육시키다 paideuein 90b,
    93d~94c, 96d
교제하다 syngignesthai 91c, e,
    92b, 94a
    — 만나다 80a
교활한 panourgos 80b, 81e
권능 dynamis ☞ 힘
권세를 누리다 dynasthai ☞ 힘
귀족 prōtoi ☞ 선조
귀족 출신의 gennaios 71b
귀퉁이 gōnia 84d, e, 85b
그리다 anagraphesthai 83b
그리스 말을 하다 hellēnizein 82b
그림자 skia 100a
그만두다 pauesthai ☞ 멈추다

    — 그치다 ☞ 멈추다
극단 eschaton 75e
금 chrysion 78c~e, 89b
기꺼이 hedeōs ☞ 즐거운
기꺼이 하다 prothymeisthai ☞ 최선
    을 다하다
기만하다 exapatan ☞ 속이다
기쁜 hēdys ☞ 즐거운
기수(騎手) hippeus ☞ 말
기술 technē 90d, e, 91e, 94b
기억하다 mimnēskesthai 79d, 84e,
    86b, 94c
    → 기억력 mnēmē 88b
    → 기억력이 좋은 mnēmōn
    71c
기하학 geōmetria 76a*, 85e*
    → 기하학 하다 geōmetrein
    85e
    → 기하학자 geōmetrēs 86e
기회를 주다 parechein 70c
    — (수고를) 끼치다 90e
    — 내세우다 95b
긴 makros 83a
길 hodos 97a, b
길이 mēkos 84c
깨닫다 ennoein ☞ 알다
깨부수다 syntribein 77a
꼼짝 못 하게 하다 katepadein 80a*
꿈꾸듯이 onar 85c

못하다

따라 나오다 symbainein 79b, 87a

　　→ 결과 to symbainon 87b

따라가다 akolouthein ☞ 하인

따르다 peithesthai ☞ 설득시키다

때 chronos ☞ 시간

때문에 heneka 80c

　　→ 위하여 77a, 82a

떠나다 apienai 76e

떠돌다 aissein 100a

떠맡기다 prostattein 76b

똑바로 선 orthos ☞ 올바른

뛰어난 agathos 73b*, c, 78b, 87d*, e, 88e~89b, 90b, c, 91a, 92e*~94b, 94d, 95a, 95e~96b, 96d, e, 98a, 98c~ e, 99b, d

　　— 좋은 77b, c, e, 78b~e, 79b

　　→ 더 나은 ameinōn 78b

　　→ 더 나은 beltiōn 76e, 78b, 84b, 86b, 92e

　　→ 잘 eu 71e, 73a, 78c, 80b, 84c, 86b, c, 90b, 94c, 96e, 97a

뛰어난 학습능력 eumathia 88a, b

뛰어난 확신 eudoxia 99b*

뜻에 따르다 synchōrein ☞ 허락하다

레슬링을 하다 palaiein 94c

마감하다 teleutan ☞ 끝

마땅히 axios ☞ 가치 있는

마비되다 narkan 80a~c, 84b, c

　　→ 전기가오리 narkē 80a*, c, 84b

마시다 pinein 95d

마주치다 entynchanein ☞ 만나다

마찬가지로 homoiōs ☞ 비슷한

마침내 teleutōn ☞ 끝

만나다 entynchanein 71c, d, 92e

　　— 마주치다 80d

　　→ 만나다 syngignesthai ☞ 교제하다

만들다 ergazesthai ☞ 해내다

만족하다 agapan 75c

말(馬) hippos 93d

　　→ 기수(騎手) hippeus 93d, 94b

　　→ 승마술 hippikē 70a

말 logos ☞ 논변

　　→ 말 mythos 96a

말을 가려 하다 euphēmein 91c

(일을) 망치다 diaphtheirein ☞ 타락시키다

맞다 harmottein 76c

맡기다 paradidonai ☞ 전달하다

맨 먼저 prōton ☞ 선조

머물러 있다 paramenein 97d, e, 98a
　　→ 머물러 있는 monimos 98a
먼저 proteron, prōton ☞ 선조
멈추다 pauesthai 77a
　　— 그치다 91e
　　— 그만두다 95a
멋진 kalos ☞ 훌륭한
면적 chōrion ☞ 도형
명령하다 epitattein 76b
명백한 phaneros 91c
　　→ 당연하게 phanerōs 91d
명예 timē 78c
　　— 가치 97e
　　→ 존중받는 timios 97d, 98a
몇 posos ☞ 얼마
　　— 몇 개 ☞ 얼마
몇 배 posaplasios 83b, 84e
모두 holon ☞ 전체(의)
모든 hapas 72c, 81d, 85e, 91e, 99d
　　— 전체의 81d
모르다 agnoein 77e, 95a
모순적 enantios 82a, 96a
　　→ 반대되는 71b, 88c, 89e, 91c
못난 kakos ☞ 나쁜
못마땅해하다 dyscherainein 89d
무능한 ponēros 96b
　　→ 무능한 adynatos ☞ 불가능한

무례한 epachthēs 90a
　　→ 무례한 hybristēs 76a
무리 smēnos 72a, b
무시하다 amelein 79b
무식한 짓 amathia 90e
무엇 tis, ti, hoti 71a*, b*~d, 72a, b, 73c, 74b, 74c*~75b, 76a*, b, e, 77a, c, 79b~e, 80b, d, 81e, 84a, 85a, 86c~ e, 87b, 100b
　　→ 어떤 것 tis, ti 73d, 75e*, 76a, d, 77a, 88a, 98b
　　— 일종 73e*, 74b, c, 87d
　　— 일종의 70c, 87c, 88b, d
　　→ 어떤 hopoios 71b, 74c, 82e, 87b, 97b
　　→ 어떤 poios 80d*, 83c, 84a, 85b, 86e, 87b, e, 95d
무엇보다도 allōs ☞ 다른
　　→ 무엇보다도 prōton ☞ 선조
무절제한 akolastos 73b
무지 aphrosynē 88c, d
문답하다 dialegesthai 75d, 76b, 99e
　　→ 문답에 적합한 dialektikos 75d
문제 pragma 71b, 87a, 90b, 95b, 96a, b
　　— 일 81a, 89e, 92c, 94e,

보다 horan 78c, 80e, 81c, 82e, 83a
　　— 알다 94a
보살피다 therapeuein 91a
보살핌 epimeleia ☞ 노력
보수 misthos 90d, e, 91b, 95e
보여 주다 deiknynai 84a*
　　　→ 보여 주다 endeiknysthai
　　　82a
　　　→ 증명하다 epideiknysthai
　　　82b
보호하다 phylattein 89b
　　— 지켜보다 84d
복잡한 poikilos 75e*
본성 physis 70a, 86d, 89a, b*,
　　93d, 98c, d, 99e
　　— 자연 81d
본질 ousia 72b*
부 ploutos 70a, 78c, 87e, 88d
　　　→ 부유한 plousios 90a
　　— 부자인 71b
부드러운 praos 75d
　　— 진정된 100b
부모 gonēs 91a
부분 morion 78e~79d
　　　→ 부분 meros 89a
　　— 번(番) 92e
부정한 adikos 73b
　　　→ 부정하게 adikōs 73d, 78d
부지런한 ergastikos ☞ 해내다

분리하다 chōrizein 87d
불가능한 adynatos 87a, b
　　— 무능한 94b
불러 주다 proskalein 82b
불러일으키다 anakinein 85c
불멸하는 athanatos 81b, c, 86b
불쌍한 athlios 78a
불행한 kakodaimōn ☞ 나쁜
비가(悲歌) elegeia 95d
비극 투의 tragikos 76e
비슷한 homoios 73a, 80a
　　— 흡사한 80d
　　　→ 마찬가지로 homoiōs 78d
비웃다 katagelan 95c
　　　→ 우습게도 katagelastōs 96e
비유 eikōn 77b
　　— 비유된 것들 80c*
　　　→ 비유하다 eikazein 80c
　　— 추정하다 89e, 98b
　　　→ 다시 비유하다 anteikazein
　　　80c
비천한 phaulos ☞ 형편없는
비판적으로 검토하다 elenchein
　　75d*
비획득 aporia ☞ 난관
빠뜨리다 paraleipein 97b
빠지다 katapiptein 84c
빨리 tachy 87c
　　— 당장에 91e

사람 anthrōpos ☞ 인간
사로잡다 lambanein ☞ 획득하다
사물들 onta 75b, 76c*
　　— 있는 것들 86b*
사용 chrēsis 88a
　　→ 사용하다 chrēsthai 87c,
　　88e, 99b
산산조각 내다 katakermatizein ☞
　　조각 내다
살아 있다 zan 100a
살펴보다 skeptesthai 84c, 86c, 87e,
　　88a, 89d, 90b, 94a
　　— 고찰하다 86d, e, 87c, d,
　　96d
　　→ 살펴보다 skopein 75b,
　　86e, 87b, 88a
　　— 생각해 보다 73d, 82c, 85a
　　— 고찰하다 93b, 98d
　　→ 숙고하다 skopeisthai 86e
삶 bios 81b, 85e, 86a
삼각형 trigōnos 87a
상기 anamnēsis 81d, 82a, 98a
　　→ 상기시키다
　　anamimnēskein 71d*
　　→ 상기하다
　　anamimnēskesthai 73c, 76b,
　　81c, d, 82b, e, 84a, 85d, 86b
　　→ 상기될 수 있는 anamnēstos
　　87b

색깔 chrōma 74c, d, 75a, b, 76a*
　　→ 색깔 chroa 75c*, 76d
생각 noēma 95e
생각해 보다 skopein ☞ 살펴보다
생기다 paragignesthai 70a, 71a,
　　86d, 100a, b
선대부터 patrikos 78d*, 92d
선분 grammē 82c, d, e, 83c, d,
　　84a, c, e, 85a, b, 87a
선조 proteros 93a
　　— 선대 분 94a
　　— 고(古) 93b
　　→ 전에 proteron 79a, 81c,
　　85c
　　— 이미 80d
　　— 먼저 86d, 92a, 100b
　　→ 귀족 prōtoi 70b*
　　→ 우선 prōton 71e
　　— 처음에 84a, 86c
　　— 첫째로 87b, 95a
　　— 무엇보다도 90a
　　— 먼저 98a
　　— 맨 먼저 86d
선행을 베풀다 euergetein 92d
　　— 좋은 일을 하다 91c
설득시키다 peithein 100b, c
　　— 자신하다 76e
　　→ 설득되다 peithesthai 81d,
　　92e, 96a, 100b

신탁을 말하는 사람 chrēsmōdos
99d

아까워하다 phthonein ☞ 시기하다
아들 hyos 93c~94d
아름다운 kalos ☞ 훌륭한
　　→ 아름다움 kallos ☞ 훌륭한
아마도 pou 75c*
　　→ 아마도 tacha 80b, 87d
아버지 patēr 90a, 93e, 95e
아울로스 연주 aulēsis 90d*
　　→ 아울로스 연주자 aulētēs
　　90e
아크로폴리스 akropolis 89b*
안에 있다 eneinai ☞ 속에 있다
알다 eidenai 70b, 71a, b*~d, 75c,
　　d, 79c, 80d, e, 82e, 84a~c,
　　85c, e, 86b, c, 86e~87b,
　　91b, d, 92a, c, 94b, 95a, d,
　　e, 97a, d, 98b, 99c, d, 100b
　　→ 알다 gignōskein 71b*,
　　76b, 77c~e, 79c, 80c, 82b,
　　95a, 96e
　　— 알아보다 89b
　　→ 알다 ennoein 84a, 96a
　　— 깨닫다 76e
　　→ 알다 epistasthai ☞ 인식하다
　　→ 알다 horan ☞ 보다
　　→ 알다 manthanein ☞ 배우다

　　→ 알다 phronein 96b, 99c
　　→ 앎 phronēsis 88b*~89a,
　　97b, c, 98d, e
　　→ 앎을 가지고 있는
　　phronimos 97a
　　→ 앎을 가진 emphrōn 88e
　　→ 앎이 없는 aphrōn 88e
알리다 apangellein 71c
알아채다 katagignōskein 76c
알아채지 못하다 lanthanein 92a,
　　96e
　　— 들키지 않다 91e
애인 erastēs 70b*, 76b*
약속 hyposchesis 77a
양육하다 trephein 85e, 90b
　　→ 키우다 94b, c
어디에서나 pantachou 72d
어떤 hopoios ☞ 무엇
　　→ 어떤 poios ☞ 무엇
　　→ 어떤 것 tis, ti ☞ 무엇
어려운 chalepos 71e
　　— 가혹한 92b
　　→ 언짢아하다 chalepainein
　　95a
어른 presbytēs 73a, b
　　— 나이 먹은 사람 76a
　　→ 노인 prebyteros 93d, e
　　— 어른 71e
언짢아하다 chalepainein ☞ 어려운

원 kyklos 87a

원인 aitia 98a

    → 덕분인 aitios 70b

    → 탓하다 aitiasthai 93d

원하다 boulesthai 70c, 71d, e, 72d,
    73e, 75a, b, d, 76c, 78a, b,
    80e, 82b, 86c, 90b, c∼e,
    91b, 92d, e, 93c, e, 94b, 97a

    → 바라다 ethelein 80d, 81e,
    95b

위하여 heneka ☞ 때문에

유념하다 enthymeisthai 94c

유능한 deinos 95c

유약한 malakos 81d

유용한 chrēsimos 89b

유익하다 ōphelein 87e, 88b

    — 이롭다 77d

    — 이익을 가져다주다 91c

    → 유익한 ōphelimos 87e,
    88a∼89a, 96e, 97a, c, 98c, e,
    99b

유출물 aporroē 76c*, d*

유해하다 blaptein 88a, b

    — 해롭다 77d, e, 78a

    → 유해한 blaberos 88c∼e

은 argyrion 78c∼e

    — 돈 92a

음악 mousikē 94b

응수하다 hypolambanein 74c

    — 이해하다 78c

의사 iatros 90b, c

의심하다 apistein 89d

의아하게 생각하다 thaumazein ☞
    놀라다

의존하다 anartasthai 88e

이끌어 내다 katagein 80e*

이롭다 ōphelein ☞ 유익하다

이롭게 하다 eu poiein 71e, 94e

    → 해롭게 하다 kakōs poiein
    71e, 94e

이르다 teleutan ☞ 끝

이름 onoma 74d, e, 85b, 92e

    — 단어 87c

    → 이름하다 onomazein 74d

이미 proteron ☞ 선조

이익을 가져다주다 oninanai 100c

    → 이롭다 oninasthai 84c

    → 이익을 가져다주다
    ōphelein

    ☞ 유익하다

이해하다 manthanein ☞ 배우다

    → 이해하다 synienai 76d

    → 이해하다 hypolambanein
    ☞ 응수하다

이해할 수 없는 말 teras 91e

익숙한 방식 synētheia 76d

인간 anthrōpos 81b, d, 86a, 98a

    — 사람 70a, 73c, 80e, 86d,

참주로 군림하다 tyranneuein 76b~c
창을 던지다 akontizein 93d
찾다 zētein ☞ 탐구하다
　　→ 찾아보다 syzētein ☞ 탐구
하다
　　→ 찾아내다 exheuriskein ☞
발견하다
처음 archē ☞ 지배
처음에 prōton ☞ 선조
철회하다 anatithenai 89d
첫째로 prōton ☞ 선조
체육 agōnia 94b
체포하다 apagein 80b
최근에 neōsti 90a
최선을 다하다 prothymeisthai 74b
　　— 기꺼이 하다 82a
　　→ 열심히 해야만 할
prothymēteon 75b
　　→ 열의 prothymia 77a
추론 logismos 98a*, 100b
추방하다 exelaunein 92b
추정하다 eikazein ☞ 비유
추측하다 hypopteuein 87d
축복받은 makarios 71a
　　→ 축복받은 eutychēs ☞ 운
충고하다 symbouleuesthai 94e
충분하게 hikanōs ☞ 능한
친구 philos 71e, 75d, 91c, 94d
　　— 친애하는 70c, 79c

　　→ 친구 hetairos ☞ 동료
친척 oikeios 91c
　　→ 친척 prosēkōn 92b
칭송받다 thaumazesthai ☞ 놀라다

크기 megethos 72b
　　— 큼 72d, e
키우다 trephein ☞ 양육하다

타락시키다 diaphtheirein 89b, 91e
　　— (일을) 망치다 91c
　　→ 타락 diaphthora 91c
탁월함 aretē 70a*, 71c~72d, 73a~
74a, 75a~c, 76b, 77a, b,
78b~79e, 80b, d, 81c, e,
86c, d, 87b~e, 88c, d, 89a,
c~e, 90b, 91a, b, 92d, 93a~
e, 94e, 95b, e, 96c, 97b,
98d, 99a, 99e~100b
탐구하다 zētein 81e, 84b, 90b,
93b, 99e
　　— 찾다 72a, 73d, 74a, 75a,
89e, 92c, 96e
　　→ 탐구 zētēsis 80e, 89e*,
96e
　　→ 탐구에 매진하는 zētētikos
81e
　　→ 함께 탐구하다 syzētein
80d

— 권세를 누리다 94d
→ 힘 ischys 72d, e, 87e
— 힘이 센 ischyros 72e

그리스어 – 한국어

achthesthai 화내다
adikein 나쁜 짓을 하다
adikos 부정한
adikōs 부정하게
adynatos 불가능한, 무능한
agalma 조각상
agapan 만족하다
agasthai 존경하다
agathos 좋은, 뛰어난
agauos 고귀한
agnoein 모르다
agōnia 체육
agōnistikos 경쟁적인
aissein 떠돌다
aisthētos 지각될 수 있는
aitia 원인
aitiasthai 탓하다
aitios 덕분인
akolastos 무절제한
akolouthein 따라가다
akolouthos 하인
akontizein 창을 던지다

akribōs 정확하게
akropolis 아크로폴리스
alētheia 참
alēthēs 참인
alēthōs 정말로
alloios 다른 종류의
allos 다른
allōs 다른 방식으로, 무엇보다도, 달리
allose 다른 어디로
amathia 무식한 짓
ameinōn 더 나은
amelein 무시하다
anagraphesthai 그리다
anakinein 불러일으키다
analambanein 되찾다, 들다
analiskein 돈을 들이다
anamimnēskein 상기시키다
anamimnēskesthai 상기하다
anamnēsis 상기
anamnēstos 상기될 수 있는
anankaion 필연적인, 꼭 ~할 필요
    가 있는, ~일 수밖에 없는
anankē 필연(적), 당연(한), 틀림없는
anartasthai 의존하다
anatithenai 철회하다
andreia 용기
andreios 용감한
andriantopoios 조각가
andrikos 남자다운

chrēma 것(사물), 돈
chrēsimos 유용한
chrēsis 사용
chrēsmōdos 신탁을 말하는 사람
chrēsthai 사용하다
chroa 색깔
chrōma 색깔
chronos 시간, 동안, 때, (후)세
chrysion 금
daimonios 신령한
deiknynai 보여 주다
deinos 유능한
dēloun 밝히다
despotēs 가장
dialegesthai 문답하다
dialektikos 문답에 적합한
diametros 대각선
diapherein 다르다, 문제가 되다, 차
   이가 있다
diapheugein 도망치다
diaphtheirein 타락시키다, (일을) 망
   치다
diaphthora 타락
didachē 가르침
didaktos 가르쳐질 수 있는
didaskalos 교사
didaskein 가르치다
diexienai 설명하다
diischyrizein 옹호하다

dikaios 정의로운, 합당한, 당연한
dikaiosynē 정의
dioikein 관리하다
diplasios 두 배
doulos 노예
doxa 확신
doxazein 확신하다
drapetēs 달아나는
drapeteuein 달아나다
dynamis 힘, 권능
dynasthai 힘을 갖다, 권세를 누리다
dyscherainein 못마땅해하다
ean 허락하다, 신경 쓰지 않다, 허용
   하다, 두다
echthros 적
eidenai 알다
eidos 형상, 외모
eikazein 비유하다, 추정하다
eikōn 비유, 비유된 것들
ekporizein 획득하다
elattōn 더 작은, 더 짧은
elegeia 비가
elenchein 비판적으로 검토하다
eleutheros 자유로운
elleipein 미치지 못하다
empeiros 경험이 많은
emphrōn 앎을 가진
enantios 모순적인, 반대되는
endeiknysthai 보여 주다

eneinai ~ 속에 있다, ~ 안에 있다

ennoein 알다, 깨닫다

entasis 내접

enteinein 내접시키다

enthousiazein 영감에 휩싸이다

enthymeisthai 유념하다

entynchanein 만나다, 마주치다

epachthēs 무례한

epangellesthai 공언하다

epegeirein 일깨우다

ephexēs 순서에 따라

epicheirēma 시도

epichōrios 자국인

epideiknysthai 증명하다

epiktētos 습득되는

epimeleia 노력, 보살핌

epipedon 평면

epipnous 영감을 받은

epistasthai 인식하다, 알다

epistēmē 인식

epistēmōn 아는

epitattein 명령하다

epithymein 욕구하다

epithymētēs 욕구하는

epitynchanein 성공하다

epos 시

erastēs 애인

ergastikos 부지런한

ergazesthai 해내다, 만들다, 고치다

ergon 일, 행동, 작품, 바

eristikos 논쟁적

erōtan 묻다, 질문하다

erōtēsis 질문

eschaton 극단

esthlos 고귀한

ethelein 바라다

ethizein (습관을) 심어 주다

ethos 습관

eu 잘

eudaimonia 행복

eudokimein 평판이 좋다

eudokimos 평판이 좋은

eudoxia 뛰어난 확신

euergetein 좋은 일을 하다, 선행을
　　　베풀다

euēthēs 순진한

eulabeisthai 조심하다

eumathia 뛰어난 학습능력

euphēmein 말을 가려 하다

euporein 난관을 벗어날 길을 알다

eustalēs 예의 바른

euthys 곧은

eutychēs 축복받은

eutychia 운

exapatan 속이다, 기만하다

exelaunein 추방하다

exepitēdes 고의로

exheuriskein 찾아내다

gelan 웃다

gennaios 귀족 출신의

geōmetrein 기하학 하다

geōmetrēs 기하학자

geōmetria 기하학

gignōskein 알다, 알아보다

goēs 주술사

goēteuein 주술을 걸어 호리다

gonēs 부모

gōnia 귀퉁이

grammē 선분

hagnos 신성한

halios 태양

hama 동시에

hapas 모든, 전체의

haplōs 단적으로

haptesthai 접촉하다

harmottein 맞다

hēdys 즐거운

hēgeisthai 믿다, 인도하다

hēgemōn 인도자, 인도하는

hēgemonia 인도

hēlikia 나이, 성년

hellēnizein 그리스 말을 하다

hēmartēmenōs 잘못

hēmisys 반(半)

heneka 때문에, 위하여

hepesthai 수반되다

hetairos 동료, 친구

heteros 다른

heuriskein 발견하다

hikanos 능한

himation 옷

hippeus 기수(騎手)

hippikē 승마술

hippos 말(馬)

hodos 길

holos 전체(의)

homoios 비슷한, 흡사한

homologein 동의하다, 인정하다, 간
　　주하다

homonoein 합의하다

hopoios 어떤

hōra 시간, 한창때

horan 보다, 알다

hosiōs 경건하게

hosiotēs 경건

hosmē 냄새

hybristēs 무례한

hygieia 건강

hygiēs 건강한, 건전한

hyos 아들

hyperēphanos 오만한

hypischesthai 공언하다

hypodechesthai 환대하다

hypodēma 신발

hypolambanein 응수하다, 이해하다

hypopteuein 추측하다

hyposchesis 약속

hypothesis 가설

hypotithenai 가설을 세우다

iatros 의사

ischyros 힘이 센

ischys 힘

isos 같은

kakēgorein 욕하다

kakia 열등함

kakodaimōn 불행한

kakos 나쁜, 못난

kallos 아름다움

kalos 훌륭한, 아름다운, 잘생긴, 멋진

karterēma 인내

katagein 이끌어 내다

katagelan 비웃다

katagelastōs 우습게도

katagignōskein 알아채다

katagnynai 쪼개다

katakalyptein (눈을) 가리다

katakermatizein 산산조각 내다

katamemphesthai 탓하다

katapiptein 빠지다

katartyein 연마하다

katasēmainesthai 밀봉하다

katechein 포함하다, 파악하다, (신)
　　들리다

katēkoos 순종하는

katepadein 꼼짝 못하게 하다

katorthoun 성공적으로 수행하다

keleuein 요구하다

kermatizein 조각내다

kosmios 행실이 바른

ktasthai 획득하다, 얻다, (돈을) 벌다

kyklos 원

kyriōs 참된 의미의

lambanein 획득하다, 받아 챙기다,
　　사로잡다, 포착하다, 요구하
　　다, 얻다

lanthanein 알아채지 못하다, 들키지
　　않다

leukon 흼

lōbasthai 파멸시키다

lōbē 파멸

logismos 추론

logizesthai 계산하다

logos 논변, 주장, 말, 논의, 설명

mainesthai 미치다

makarios 축복받은

makros 긴

malakos 유약한

mania 광기

manthanein 배우다, 이해하다, 알다

mantis 예언자

mathēma 학문, 주제

mathēsis 배움

mathētēs 학생

megaloprepeia 대범함

megaloprepōs 대범하게

megethos 크기, 큼

mēkos 길이

meletē 연습

melitta 벌

meros 부분, 번(番)

meson 가운데

mestos 가득 찬

metabainein 바꾸다

metacheirizesthai 관장하다

metadidonai 참여시키다

metienai 좇다

mimnēskesthai 기억하다

misthos 보수

mnēmē 기억력

mnēmōn 기억력이 좋은

mochthēros 나쁜

moira 섭리

monimos 머물러 있는

morion 부분

mousikē 음악

myein 입문하다

mystērion 신비의식

mythos 말

narkan 마비되다

narkē 전기가오리

neos 젊은이

neōsti 최근에

noēma 생각

nous 지성, 정신

oichesthai 가 버리다

oikein 관리하다

oikeios 친척

oikia 가정

oikogenēs 집에서 태어난

onar 꿈꾸듯이

oninanai 이익을 가져다주다

onkōdēs 거만한

onoma 이름, 단어

onomazein 이름하다

onta 있는 것들, 사물들

ōphelein 유익하다, 이롭다, 이익을
가져다주다

ōphelimos 유익한

opsis 시각

orthos 올바른, 똑바로 선

orthotēs 올바름

orthoun 올바르게 인도하다

ousia 본질

paideuein 교육시키다

pais 노예

paizein 놀리다

palaiein 레슬링을 하다

pampolloi 수많은

panourgos 교활한

pantachou 어디에서나

pantapasi 전혀, 전적으로

pantelōs 전적으로

pantodapos 다양한

paradeigma 예

paradidonai 전달하다, 맡기다

paragignesthai 생기다

paralambanein 받아들이다, 넘겨받다

paraleipein 빠뜨리다

paramenein 머물러 있다

parateinein 접해 놓다

parechein 기회를 주다, (수고를) 끼
　　치다, 내세우다

paschein 겪다

patēr 아버지

patrikos 선대부터

pauesthai 멈추다, 그치다, 그만두다

peithein 설득시키다, 자신하다

pēlikos 얼마

pempein 보내다

penthos 고통

perainein 한계 짓다

peras 한계

periechein 둘러싸다, 포함하다

perimenein 남다

periphanōs 더없이

phaneros 명백한

pharmattein 현혹하다

phaulos 비천한, 형편없는

philos 친구, 친애하는

phlauros 나쁜

phōnē 소리

phronein 알다

phronēsis 앎

phronimos 앎을 가지고 있는

phthonein 시기하다, 아까워 않다

phylattein 보호하다, 지켜보다

physis 본성, 자연

pinein 마시다

pisteuein 믿다

platys 넓적한

plēsiazesthai 접근하다

plēthos 대다수

pleura 변

plousios 부유한, 부자인

ploutos 부

poiēma 작품

poiētēs 시인

poiētikos 시인

poikilos 복잡한

poina 대가

poios 어떤

polis 나라, 도시

politēs 시민, 자국인

politikos 정치적인, 정치가

pollachē 여러 방식으로

pollakis 여러 번, 자주

ponēros 무능한

porizesthai 획득하다

poros 획득, 통로

posaplasios 몇 배

posos 얼마, 몇, 몇 개
pothein 갈구하다
pou 아마도
pous 피트
pragma 문제, 일
praos 부드러운, 진정된
prattein 행하다, 수행하다, 행위하다
praxis 행위
presbytēs 어른, 나이 먹은 사람
prohomologein 미리 동의하다
prosagoreuein 지칭하다
prosanaplēroun 덧붙여 채우다
prosanerōtan 계속 묻다
prosbibazein 가까이 가다
prosēkōn 친척
proskalein 불러 주다
proslambanein 더하다
prospoieisthai 자처하다
prostattein 떠맡기다
prostithēnai 덧붙이다
proteros 선조, 선대 분, 고(古)
prothymeisthai 최선을 다하다, 기꺼이 하다
prothymia 열의
protithēnai 내세우다
pseudesthai 거짓말을 하다
pseusma 거짓말
psychē 영혼
radios 쉬운

saphēs 확실한
schēma 형태
scholazein 여유가 있다
skepsis 고찰
skeptesthai 살펴보다, 고찰하다
skia 그림자
skopein 살펴보다, 생각해 보다, 고찰하다
skōptein 농담하다
skytotomos 제화공
smēnos 무리
smikros 조금
sophia 지혜
sophistēs 소피스트, 지자
sophos 지혜로운
sōphrōn 절제 있는, 현명한
sōphronein 현명하다
sōphrosynē 절제
sōzein 돌보다
stereos 입체
stoma 입
strongylos 둥근
strongylotēs 둥긂
syllambanein 요약하다
syllēbdēn 요컨대
symbainein 따라 나오다
symbouleuesthai 충고하다
symmachos 동맹국의 사람
symmetros 들어맞는

symmisgein 뒤섞이다
sympas 전체
sympenesthai 더불어 빈곤을 겪다
synchōrein 허락하다, 뜻에 따르다
synētheia 익숙한 방식
syngenēs 같은 혈통인
syngignesthai 교제하다, 만나다
synienai 이해하다
syntribein 깨부수다
syzētein 함께 탐구하다, 찾아보다
tacha 아마도
tachy 빨리, 당장에
tarattein 혼란에 빠뜨리다
tattesthai 정하다
tauton 동일한
technē 기술
teleutan 끝맺어지다, 마감하다, 이
　르다
teleutē 끝
temnein 나누다
teras 이해할 수 없는 말
tetragōnos 정사각형
thalattios 바다에 사는
tharraleōs 대담하게
tharrein 용기를 내다, 대담하다
tharros 대담함
thaumastos 놀라운
thaumazein 놀라다, 의아하게 생각
　하다

theasthai 주시하다
theios 신적인
theomantis 신들린 예언자
theos 신
therapeuein 보살피다
timē 명예, 가치
timios 존중받는
tis, ti, hoti 무엇
tis, ti 어떤 것, 일종, 일종의
tithēnai 놓다
to parapan 전적으로
topos 지역
tragikos 비극 투의
trephein 양육하다, 키우다
trigōnos 삼각형
tryphan 버릇없다
tychē 우연
tyranneuein 참주로 군림하다
xenos 손님, 접대자
zan 살아 있다
zētein 탐구하다, 찾다
zētēsis 탐구
zētētikos 탐구에 매진하는

고유명사

옮긴이의 말

정암학당의 '플라톤 전집'을 발행할 출판사가 아카넷으로 바뀌었다는 소식을 들었다. 만약 미완의 '플라톤 전집'을 완성하고 '정암고전총서'를 국내 고전 연구의 대표 총서로 발전시킬 수 있는 출판사로 어느 곳이 좋겠냐는 질문을 받았다면, 나는 주저 없이 기존에 여러 종류의 시리즈나 총서를 출판한 경험이 있으며, 기초 학문을 포함한 다양한 학문 분야의 균형적 발전을 위해 애써 왔던 아카넷을 추천한다고 대답했을 것이다. '플라톤 전집'의 완간을 눈앞에 둔 시점에서 출판사의 변경은 아쉬운 일이지만, 아카넷은 정암학당의 설립 정신을 지켜주고 확산시키는 데 크게 기여할 것이라고 믿는다.

플라톤의 『메논』은 아카넷의 플라톤 전집 중 가장 먼저 출간되는 것 중 하나이다. 기존 번역의 내용을 크게 수정하지는 않았다. 다만 좀 더 편하고 쉬운 이해를 위해 문장을 가다듬고 오타를 바로잡는 수준에서 손을 봤다. 이전 판과 크게 달라진 점이 있다면, 『메논』 번역을 함께 읽고 토론해 준 연구원들의 이름을 앞부분에 표기한 것이다. 번역에 대한 최종적인 책임은 번역자인 나 자신에게 있으나, 어쨌든 번역을 내가 만족할 수 있는 수준에서 마무리할 수 있었던 것은 이들의 도움 없이는 불가능한 일이었다. 수년이 지났지만 그들에 대한 고마움은 여전하고, 이젠 그리움과 함께 다가온다.

책의 체제도 약간 바뀌었다. 이전에는 「작품 안내」를 본문 앞에 놓아 독자가 본문을 읽고 이해하는 데 도움을 주고자 했는데, 고전읽기라는 것이 본래 독자와 저자 간의 직접적 대화이어야 한다는 생각에서 「작품 안내」를 본문 뒤에 배치하였다. 글자 크기나 책 크기도 보거나 잡기 편한 것처럼 보인다. 책 디자인에서도 경쾌함과 무게감이 함께 느껴진다. 어떻게 보면 사소한 것이지만, 『메논』의 새 독자들을 위한 아카넷의 배려라고 생각한다. '플라톤 전집'의 닻을 올린 '정암고전총서'의 성공을 기원한다.

2019년 7월 이상인

사단법인 정암학당을 후원해 주시는 분들

정암학당의 연구와 역주서 발간 사업은 연구자들의 노력과 시민들의 귀한 뜻이 모여 이루어집니다. 학당의 모든 연구는 시민들의 자발적인 후원을 바탕으로 하기 때문입니다. 그 결실을 담은 '정암고전총서'는 연구자와 시민의 연대가 만들어 내는 고전 번역 운동의 산물이라고 할 수 있습니다. 이 같은 학술 운동의 역사적 의미를 기리고자 이 사업에 참여한 후원회원 한 분 한 분의 정성을 이 책에 기록합니다.

평생후원회원

Alexandros Kwanghae Park	강대진	강상진	강선자	강성훈	강순전	강승민
강창보	강철웅	고재희	공기석	권세혁	권연경	권장용	기종석	길명근
김경랑	김경현	김귀녀	김기영	김남두	김대오	김미성	김미옥	김상기
김상수	김상욱	김상현	김석언	김석준	김선희(58)	김성환	김숙자	김영균
김영순	김영일	김영찬	김옥경	김운찬	김유순	김 율	김은자	김은희
김인곤	김재홍	김정락	김정란	김정례	김정명	김정신	김주일	김지윤(양희)
김진성	김진식	김출곤	김태환	김 헌	김현래	김현주	김혜경	김혜자
김효미	류한형	문성민	문수영	문종철	박계형	박금순	박금옥	박명준
박병복	박복득	박상태	박선미	박세호	박승찬	박윤재	박정수	박정하
박종민	박종철	박진우	박창국	박태일	박현우	반채환	배인숙	백도형
백영경	변우희	서광복	서 명	서지민	설현석	성 엄	성중모	손병석
손성석	손윤락	손효주	송경순	송대현	송성근	송순아	송유레	송정화
신성우	심재경	안성희	안 욱	안재원	안정옥	양문흠	양호영	엄윤경
여재훈	염수균	오서영	오지은	오흥식	유익재	유재민	유태권	유 혁
윤나다	윤신중	윤정혜	윤지숙	은규호	이광영	이기백	이기석	이기연
이기용	이두희	이명호	이무희	이미란	이민숙	이민정	이상구	이상원
이상익	이상인	이상희(69)	이상희(82)	이석호	이순이	이순정	이승재	이시연
이영원	이영호(48)	이영환	이옥심	이용구	이용술	이용재	이용철	이원제
이원혁	이유인	이은미	이임순	이재경	이정선(71)	이정선(75)	이정숙	이정식
이정호	이종환(71)	이종환(75)	이주형	이지민	이지수	이 진	이창우	이창연
이창원	이충원	이춘매	이태수	이태호	이필렬	이향섭	이향자	이황희
이현숙	이현임	임대윤	임보경	임성진	임연정	임창오	임환균	장경란
장동익	장미성	장영식	전국경	전병환	전헌상	전호근	정선빈	정세환
정순희	정연교	정 일	정정진	정제문	정준영(63)	정준영(64)	정해남	정흥교
정희영	조광제	조대호	조병훈	조익순	지도영	차경숙	차기태	차미영
채수환	최 미	최세용	최수영	최병철	최영임	최영환	최운규	최원배
최윤정(77)	최은영	최인규	최지호	최 화	표경태	풍광섭	하선규	하성권
한경자	한명희	허남진	허선순	허성도	허영현	허용우	허정환	허지현
홍섬의	홍순정	홍 훈	황규빈	황유리	황예림	황희철		
가지런e류 교정치과			나와우리〈책방이음〉			도미니코 수도회		도바세
방송대문교소담터스터디			방송대영문과07 학번미아팀			법률사무소 큰숲		

개인 257, 단체 11, 총 268

후원위원

강성식	강용란	강진숙	강태형	고명선	곽삼근	곽성순	구미희	권영우
길양란	김경원	김나온	김대권	김명희	김미란	김미선	김미향	김백현
김병연	김복희	김상봉	김성민	김성윤	김순희(1)	김승우	김양희	김애란
김연우	김영란	김용배	김윤선	김정현	김지수(62)	김진숙(72)	김현제	김형준
김형희	김희대	맹국재	문영희	박미라	박수영	박우진	박현주	백선옥
사공엽	서도식	성민주	손창인	손혜민	송민호	송봉근	송상호	송찬섭
신미경	신성은	신영옥	신재순	심명은	안희돈	양은경	오현주	오현주(62)
우현정	원해자	유미소	유형수	유효경	이경선	이경진	이명옥	이봉규
이봉철	이선순	이선희	이수민	이수은	이승목	이승준	이신자	이은수
이재환	이정민	이주완	이지희	이진희	이평순	이한주	임경미	임우식
장세백	장영재	전일순	정삼아	정은숙	정태흡	정현석	조동제	조명화
조문숙	조민아	조백현	조범규	조성덕	조정희	조준호	조진희	조태현
주은영	천병희	최광호	최세실리아		최승렬	최승아	최이담	최정옥
최효임	한대규	허 민	홍순혁	홍은규	홍정수	황정숙	황훈성	

정암학당1년후원
문교경기〈처음처럼〉　　　　문교수원3학년학생회　　　　문교안양학생회
문교경기8대학생회　　　　文교경기총동문회　　　　　문교대전충남학생회
문교베스트스터디　　　　　문교부산지역7기동문회　　　문교부산지역학우일동(2018)
문교안양학습관　　　　　　문교인천동문회　　　　　　문교인천지역학생회
방송대동아리〈아노도스〉　방송대동아리〈예사모〉　　　방송대동아리〈프로네시스〉
사가독서회

개인 125, 단체 16, 총 141

후원회원

강경훈	강경희	강규태	강보슬	강상훈	강선옥	강성만	강성심	강신은
강유선	강은미	강은정	강임향	강주완	강창조	강 항	강희석	고경효
고복미	고숙자	고승재	고창수	고효순	공경희	곽범환	곽수미	구본호
구익희	권 강	권동명	권미영	권성철	권순복	권순자	권오성	권오영
권용석	권원만	권정화	권해명	권혁민	김건아	김경미	김경원	김경화
김광석	김광성	김광택	김광호	김귀종	김길화	김나경(69)	김나경(71)	김남구
김대검	김대영	김대훈	김동근	김동찬	김두훈	김 들	김래영	김명주(1)
김명주(2)	김명하	김명화	김명희(63)	김문성	김미경(61)	김미경(63)	김미숙	김미정
김미형	김민경	김민웅	김민주	김범석	김병수	김병옥	김보라미	김봉습
김비단결	김선규	김선민	김선희(66)	김성곤	김성기	김성은(1)	김성은(2)	김세은
김세원	김세진	김수진	김수환	김순금	김순옥	김순호	김순희(2)	김시인

김시형　김신태　김신판　김승원　김아영　김양식　김영선　김영숙(1)　김영숙(2)
김영애　김영준　김영효　김옥주　김용술　김용한　김용희　김유석　김은미
김은심　김은정　김은주　김은파　김인식　김인애　김인욱　김인자　김일학
김장생　김정식　김정현　김정현(96)　김정화　김정훈　김정희　김종태　김종호
김종희　김주미　김중우　김지수(2)　김지애　김지열　김지유　김지은　김진숙(71)
김진태　김철한　김태식　김태욱　김태훈　김태헌　김태희　김평화　김하윤
김한기　김현규　김현숙(61)　김현숙(72)　김현우　김현정　김현정(2)　김현중　김현철
김형규　김형전　김혜숙(53)　김혜숙(60)　김혜원　김혜정　김홍명　김홍일　김희경
김희성　김희정　김희준　나의열　나춘화　나혜연　남수빈　남영우　남원일
남지연　남진애　노마리아　노미경　노선이　노성숙　노채은　노혜경　도종관
도진경　도진해　류다현　류동춘　류미희　류시운　류연옥　류점용　류종덕
류지아　류진선　모영진　문경남　문상흠　문순혁　문영식　문정숙　문종선
문준혁　문찬혁　문행자　민 영　민용기　민중근　민해정　박경남　박경수
박경숙　박경애　박귀자　박규철　박다연　박대길　박동심　박명화　박문영
박문형　박미경　박미숙(67)　박미숙(71)　박미자　박미정　박민음　박배민　박보경
박상선　박상윤　박상준　박선대　박선희　박성기　박소운　박수양　박순주
박순희　박승억　박연숙　박영찬　박영호　박옥선　박원대　박원자　박윤하
박재준　박정서　박정오　박정주　박정은　박정희　박종례　박주현　박주형
박준용　박준하　박지영(58)　박지영(73)　박지희(74)　박지희(98)　박진만　박진현　박진희
박찬수　박찬은　박춘례　바태안　박한종　박해윤　박헌민　박현숙　박현자
박현정　박현철　박형전　박혜숙　박홍기　박희열　반덕진　배기완　배수영
배영지　배제성　배효선　백기자　백선영　백수영　백승찬　백애숙　백현우
변은섭　봉성용　서강민　서경식　서근영　서동주　서두원　서민정　서범준
서봄이　서승일　서영식　서옥희　서용심　서월순　서정원　서지희　서창립
서회자　서희승　석현주　설진철　성윤수　성지영　소도영　소병문　소선자
손금성　손금화　손동철　손민석　손상현　손정수　손지아　손태현　손혜정
송금숙　송기섭　송명화　송미희　송복순　송석현　송연화　송염만　송요중
송원욱　송원희　송유철　송인애　송진우　송태욱　송효정　신경원　신기동
신명우　신민주　신성호　신영미　신용균　신정애　신지영　신혜경　심경옥
심복섭　심은미　심은애　심정숙　심준보　심희정　안건형　안경화　안미희
안숙현　안영숙　안정숙　안정순　안진구　안진숙　안화숙　안혜정　안희경
안희돈　양경엽　양미선　양병만　양선경　양세규　양예진　양지연　양현서
엄순영　오명순　오승연　오신명　오영수　오영순　오유석　오은영　오진세
오창진　오혁진　옥명희　온정민　왕현주　우남권　우 람　우병권　우은주
우지호　원만희　유두신　유미애　유성경　유승현　유정원　유 철　유향숙
유희선　윤경숙　윤경자　윤선애　윤수홍　윤여훈　윤영미　윤영선　윤영이
윤 옥　윤은경　윤재은　윤정만　윤혜영　윤혜진　이건호　이경남(1)　이경남(72)
이경미　이경아　이경옥　이경원　이경자　이경희　이관호　이광로　이광석
이군무　이궁훈　이권주　이나영　이다영　이덕제　이동래　이동조　이동춘
이명란　이명순　이미옥　이민희　이병태　이복희　이상규　이상래　이상봉

이상선	이상훈	이선민	이선이	이성은	이성준	이성호	이성훈	이성희
이세준	이소영	이소정	이수경	이수련	이숙희	이순옥	이승훈	이시현
이아람	이양미	이연희	이영민	이영숙	이영신	이영실	이영애	이영애(2)
이영철	이영호(43)	이옥경	이용숙	이용안	이용웅	이용찬	이용태	이원용
이윤주	이윤철	이은규	이은심	이은정	이은주	이이숙	이인순	이재현
이정빈	이정석	이정선(68)	이정애	이정임	이종남	이종민	이종복	이준호
이중근	이지석	이지현	이진아	이진우	이창용	이철주	이춘성	이태곤
이태목	이평식	이표순	이한솔	이현주(1)	이현주(2)	이현호	이혜영	이혜원
이호석	이호섭	이화선	이희숙	이희정	임미정	임석희	임솔내	임정환
임창근	임현찬	장모범	장선희	장시은	장영애	장오현	장재희	장지나
장지원(65)	장지원(78)	장지은	장철형	장태순	장해숙	장홍순	전경민	전다록
전미래	전병덕	전석빈	전영석	전우성	전우진	전종호	전진호	정경회
정계란	정금숙	정금연	정금이	정금자	정난진	정미경	정미숙	정미자
정상묵	정상준	정선빈	정세영	정아연	정양민	정양욱	정 연	정연화
정영목	정옥진	정용백	정우정	정유미	정은정	정일순	정재웅	정정녀
정지숙	정진화	정창화	정하갑	정은교	정해경	정현주	정현진	정호영
정환수	조권수	조길자	조덕근	조미선	조미숙	조병진	조성일	조성혁
조수연	조슬기	조영래	조영수	조영신	조영연	조영호	조예빈	조용수
조용준	조윤정	조은진	조정란	조정미	조정옥	조중윤	조창호	조황호
주봉희	주연옥	주은빈	지정훈	진동성	차문송	차상민	차혜진	채장열
천동환	천명옥	최경식	최명자	최미경	최보근	최석묵	최선희	최성준
최수현	최숙현	최연우	최영란	최영순	최영식	최영아	최원옥	최유숙
최유진	최윤정(66)	최은경	최일우	최자련	최재식	최재원	최재혁	최정욱
최정호	최정환	최종희	최준원	최지연	최진욱	최혁규	최현숙	최혜정
하승연	하혜용	한미영	한생곤	한선미	한연숙	한옥희	한윤주	한호경
함귀선	허미정	허성준	허 양	허 웅	허인자	허정우	홍경란	홍기표
홍병식	홍성경	홍성규	홍성은	홍영환	홍은영	홍의중	홍지흔	황경민
황광현	황미영	황미옥	황선영	황신해	황은주	황재규	황정희	황주영
황현숙	황혜성	황희수	kai1100	익명				

리테라 주식회사	문교강원동문회	문교강원학생회
문교경기〈문사모〉	문교경기동문〈문사모〉	문교서울총동문회
문교원주학생회	문교잠실송파스터디	문교인천졸업생
문교전국총동문회	문교졸업생	문교8대전국총학생회
문교11대서울학생회	문교K2스터디	서울대학교 철학과 학생회
(주)아트앤스터디	영일통운(주)	장승포중앙서점(김강후)
책바람		

개인 716, 단체 19, 총 735

2023년 6월 1일 현재, 1,098분과 46개의 단체(총 1,144)가 정암학당을 후원해 주고 계십니다.

| 옮긴이

이상인

연세대학교 철학과와 동 대학원을 졸업한 후 독일 마인츠 대학과 마르부르크 대학에서 고전문헌학과 철학을 연구했다. 마르부르크 대학에서 박사학위를 취득했으며, 현재 연세대학교 미래캠퍼스 철학과 교수로 있다. 저서로는 *Anamnesis im Menon. Platons Überlegungen zu Möglichkeit und Methode eines den Ideen gemäßen Wissenserwerbes*(2001), 『플라톤과 유럽의 전통』(2006), 『진리와 논박. 플라톤과 파르메니데스』(2011)가 있고, 번역서로는 『고대와 근대의 논쟁들. 문제로 읽는 서양철학사』(2017)가 있으며, 그 외 그리스 철학에 관한 논문을 다수 발표했다.

정암고전총서는 정암학당과 아카넷이 공동으로 펼치는 고전 번역 사업입니다.
고전의 지혜를 공유하여 현재를 비판하고 미래를 내다보는 안목을 키우는
문화적 기반을 마련하고자 합니다.

정암고전총서 플라톤 전집

메논

1판 1쇄 펴냄 2019년 8월 19일
1판 5쇄 펴냄 2023년 9월 15일

지은이 플라톤
옮긴이 이상인
펴낸이 김정호
펴낸곳 아카넷

출판등록 2000년 1월 24일(제406-2000-000012호)
주소 10881 경기도 파주시 회동길 445-3 2층
전화 031-955-9511(편집) · 031-955-9514(주문)
팩스 031-955-9519
www.acanet.co.kr

ISBN 978-89-5733-639-7 94160
ISBN 978-89-5733-634-2 (세트)